Introduction to Psychology

はじめての

古見文一・小山内秀和・樋口洋子・津田裕之 編
Fumikazu Furumi, Hidekazu Osanai, Yoko Higuchi, & Hiroyuki Tsuda

心理学概論

公認心理師への第一歩

ナカニシヤ出版

まえがき

　本書はこれから心理学を学ぶ初学者のためのテキストです。高校までの授業には「心理学」という科目はなかったのではないかと思います。つまり，大学や専門学校，または独学で心理学を学ぼうとする方々にとって，心理学はまさに未知の学問だともいえるでしょう。

　「心」というと，つかみどころのないものというイメージを持つでしょうか。あるいは，すべての人間が持っていて，自分がいつも体験している身近で当たり前のもの，というイメージを持つ人もいるかもしれません。心理学では，人間の心の様々な側面について多くの研究が行われてきました。その領域は，「見る」「聞く」といった知覚，「考える」「覚える」といった認知，「感じる」ことである感情，「育つ」という側面を表す発達，「人と関わる」という社会，「心のケア」を行う臨床など，人間のほとんどの活動に関わる，広い範囲に及びます。本書は，その広い領域を持つ心理学を，まずはその入口に立って，見渡すことを目指しています。

　心理学に対する社会からの関心，そして期待は，現代ではとても大きなものとなっています。それを示す大きな出来事として，わが国で初めてとなる心理職の国家資格を定めた公認心理師法が 2015 年 9 月 16 日に公布，2017 年 9 月 15 日に施行され，初の公認心理師試験が 2018 年 9 月 9 日に実施されました。現代の人々が抱える心の問題を解決するために，心理学の知識と技術を役立てることが期待されています。そしてそれに伴って，各大学における心理学の授業のあり方も変化しております。公認心理師を養成するためのカリキュラムには，心の支援の学問である臨床心理学だけでなく，知覚や認知，言語や学習，集団や社会といった様々な領域の心理学のトピックが盛り込まれました。これは，「心」というあいまいでつかみどころのない現象にアプローチするためには，心の様々な側面について学び，その知識を活かすことが必要だと考えられているからに他なりません。本書は，公認心理師カリキュラムにおける入門の位置づけである「心理学概論」に対応するように作成されていますので，これから公認心理師を目指す方にとっても役立つものになるでしょう。

本書の構成は，公認心理師の養成カリキュラムに準拠しつつ，心理学のトピックを網羅できるように全 15 章を設け，それぞれ，領域ごとに簡潔にまとめました。各章は，それぞれの領域の第一線で研究を行っている研究者に執筆をお願いしました。各章では，領域ごとの心理学の知見を，コンパクトに，かつわかりやすく，解説するように努めました。大学における心理学の入門科目のテキストとして本書を用いることができるよう，各章が 1 回の講義内容に相当するように執筆しています。

　そして，本書の大きな特徴として，各章ともに「テキスト」と「心理学ニュース」の 2 部構成となっております。テキスト部分には，心理学の各領域の内容が初学者にもわかりやすいように簡潔にまとめられています。心理学ニュース部分では，各章の内容に関連した心理学の最新の知見をそれぞれの章の担当者が紹介しており，後半では，編者陣と章の担当者による Q&A が書かれております。心理学という学問は，目には見えない心を扱っているため，まだまだはっきりとした答えがわかっていない部分も多くあります。そのため，心理学の研究現場では，本書に書かれている Q&A のような問題提起や不明な部分のあぶり出しなどが日夜行われています。すぐには答えることができないような内容も含まれていますが（本書の Q&A でもはっきりしない答えの部分も多々あるでしょう），そのような不確かな「心」というものに対して常に探求し続ける姿勢を持つことは，心理学の分野では非常に重要です。本書の中の心理学ニュースにも，そのコンテンツの要素を盛り込んで，読者の方々に，心理学にはまだまだ未知の領域や結論の出ていない問題がたくさんあるのだ，ということも伝えられるようにしました。本書を通して，読者のみなさんにもこのような心理学の面白さを少しでも体感していただければ，望外の喜びです。

　最後になりますが，書籍の執筆に慣れない編者陣に根気強くアドバイスをいただき，本書の完成に多大なるご尽力をいただいたナカニシヤ出版の山本あかね氏に感謝を述べさせていただきます。

目　　次

第1章　心理学とは ……………………………………………………………… 1
　1．イントロダクション　1／2．心理学の成り立ち　1／3．人の心の基本的な仕組みおよび働き　6
　心理学ニュース　世の中はデタラメであふれている　9

第2章　知覚心理学 ……………………………………………………………… 13
　1．イントロダクション　13／2．感覚の種類と精神物理学　14／3．視覚　16／4．物理世界をそのまま知覚していないことを示す現象—錯覚　20
　心理学ニュース　金属？　陶器？　濡れている？　乾いている？　見ただけでそのものの性質や状態がわかる，質感知覚の話　22

第3章　認知心理学 ……………………………………………………………… 27
　1．注意　27／2．記憶　29／3．思考　31
　心理学ニュース　テクノロジーが注意を奪う時　34

第4章　学習心理学 ……………………………………………………………… 39
　1．心理学における「学習」　39／2．条件づけ　39／3．動機づけ　41／4．社会的学習　42／5．記憶と学習　43／6．もっと学習心理学を学ぶ　44
　心理学ニュース　「この学習法でうまくいく」その幻想はぶち壊せるか　46

第5章　言語心理学 ……………………………………………………………… 50
　1．本章における言葉の定義　50／2．乳児期の言語発達　50／3．初期の言語発達を支えるもの　52／4．幼児期の言語発達　53／5．児童期の言語発達　54／6．青年期以降の言語発達　55／7．まとめに代えて　56
　心理学ニュース　活字離れは「何」離れ？　57

第6章　感情心理学 ……………………………………………………………… 62
　1．感情の分類　63／2．感情の起源　64／3．感情と意思決定　66／4．感情の制御　67／5．さいごに　68
　心理学ニュース　他人を助けるとハッピーになれる？　70

第7章　人格心理学 ……………………………………………………………… 75
　1．人格（パーソナリティ）とは？　75／2．類型論　76／3．特性論　77／4．社会的認知理論と最近のパーソナリティ研究の動向　79／5．まとめ　80
　心理学ニュース　パーソナリティは心理学介入を通じて変わるのでしょうか？　82

第8章　神経・生理心理学 ……………………………………………………… 86
　1．神経・生理心理学とは　86／2．右脳と左脳　86／3．人格の宿る脳　88／4．私を「わたし」たらしめる記憶　89／5．わたしの外から私を見る―視覚取得の神経

基盤 90／6.「心の痛み」の神経基盤 91／7．閉じ込め症候群—社会と隔離された「わたし」 93／8．心の中を読み取る技術—脳情報デコーディング 94／9．おわりに 94

  心理学ニュース 脳機能データから自閉スペクトラム症を見分ける人工知能技術 96

第9章　社会・集団・家族心理学 …………………………………… 101

  1．社会心理学 101／2．集団の心理学 103／3．家族心理学 105

  心理学ニュース 高い地位は"悪い"人を作る！？ 108

第10章　発達心理学 ………………………………………………… 113

  1．発達心理学とは？ 113／2．胎児期 114／3．ピアジェの発達理論 114／4．乳児期 115／5．幼児期 116／6．児童期 117／7．青年期 118／8．成人期 118／9．まとめ 119

  心理学ニュース 子どもは好きだからマネをするわけではない 120

第11章　障害児・者心理学 ………………………………………… 124

  1．イントロダクション 124／2．障害とは 124／3．障害とその特徴 125／4．障害に関する心理学的理論 126／5．障害児・者への心理的支援 129／6．まとめ 130

  心理学ニュース 私たちも学びたい！—エコール KOBE の挑戦 132

第12章　動物・進化心理学 ………………………………………… 138

  1．進化とは 138／2．動物の心と行動を探る 140／3．ヒトとは何かを考える 143

  心理学ニュース ヒト主体の視点を取り払って動物の心を探ることの重要性 147

第13章　心理的アセスメント ……………………………………… 152

  1．心理的アセスメントは，なぜ必要か？ 152／2．心理的アセスメントで，何を把握するのか？ 152／3．心理的アセスメントは，どのように行うか？ 153／4．心理的アセスメントにおける倫理 155／5．支援を進めながらのアセスメント 156／6．クライエントの強みや可能性も明らかにするアセスメント 157

  心理学ニュース 21世紀の現代に望まれる，創造性（creativity）のアセスメント 159

第14章　心理学的支援 ……………………………………………… 164

  1．「心理学的支援」とは？ 164／2．臨床心理学の成り立ち 165／3．心理学的支援の理論 167／4．まとめ 170

  心理学ニュース マインドフルネスは効果があるの？ 171

第15章　犯罪心理学・産業心理学 ………………………………… 176

  1．犯罪心理学 176／2．産業心理学 180

  心理学ニュース 悪を見抜く目 183

引用文献　187／索　　引　199

心理学とは

1．イントロダクション

　「公認心理師のカリキュラム等に関する基本的な考え方」には，公認心理師の資格を得た時の姿を踏まえた上で，カリキュラムの到達目標が設定されています。具体的には，「1．公認心理師としての職責の自覚」,「2．問題解決能力と生涯学習」,「3．多職種連携・地域連携」,「4．心理学・臨床心理学の全体像」,「5．心理学における研究」,「6．心理学に関する実験」というように心理学全体の到達目標があり，その後に心理学の様々な分野ごとの到達目標が示されています。この章で扱う心理学は4番目に該当し，次の2つの到達目標が掲げられています。(1) 心理学・臨床心理学の成り立ちについて概説できる，(2) 人の心の基本的な仕組みおよび働きについて概説できる。したがって，この章ではこの2点について概観していきます。

2．心理学の成り立ち

　心理学という学問が成立したのは，ヴント（W. Wundt, 1832～1920年）がドイツのライプツィヒ大学に初めて公式の心理学実験室を創設した1879年と一般的にはいわれています。ヴントは経験の主体を含めた直接経験も心理学の対象となると考えました。そして，自分自身の意識を直接観察する「内観」という方法がとられたのです。心理学（psychology）は，ギリシア語の「心（psyche）」と「学問（logos）」が組み合わされた用語です。つまり，心理学は心についての学問ということになります。それでは，ヴントが心理学実験室を創設する前には，人々は心についての関心がまったくなかったのでしょうか。

(1) 哲学における心

　心理学という学問が成立するよりずっと前から，哲学が心についての関心を持っていました。どれほど前かというと，紀元前の古代ギリシアの哲学者まで遡ります。プラトン（Plato, 紀元前 427～紀元前 347 年）は，ソクラテス（Socrates, 紀元前 470/469～紀元前 399 年）に学び，後にアカデメイアという学問の府を開いた人です（大山，2010）。彼は，私たちの世界はイデアの偽物にすぎず，本当の姿はイデアにあると考えていました。彼がいうイデアとは私たちが生きている世界とは対照的に，感覚では捉えられない永遠で不変な世界というような意味です。そして，人間が生まれる前から魂はイデアにあり，身体が滅びた後もその魂は残る，すなわち魂は不滅であると考えました。このプラトンの考え方は**心身二元論**といい，人間がはじめから理性を持って生まれてくることを強調する点では生得説的であるといえます。生得とは，生まれながらに備えているという意味です。

　アリストテレス（Aristotélès, 紀元前 384～紀元前 322 年）は，プラトンの弟子で『デ・アニマ（De Anima）』という本を著し，これが史上最古の心理学書といわれています。彼は，肉体なくして霊魂は存在しない，すなわち両者は分けられないものと考えました。このアリストテレスの考え方は**一元論**といい，人間の思考は見たり聞いたりした感覚を通じて意識にもたらされていると考えた点では経験説的であるといえます。経験とは，生まれた後に獲得するという意味で，反義語が生得です。すなわち，プラトンの**生得説**とアリストテレスの**経験説**は対立する思想ということができるでしょう。

　ギリシアが衰退すると，心に関する探究も衰退しますが，17 世紀になると哲学が再興してきます。プラトンの考え方に近い人物として，フランスのデカルト（R. Descartes, 1596～1650 年）は霊魂と肉体を独立のものとして峻別する心身二元論の立場をとりました。彼は「我思う故に我あり」（『方法序説』）という有名な言葉を残しましたが，これは物質的世界，身体的な世界の存在を疑っても，それを疑い，考えている自分の意識の世界だけは疑うことができないという意味で，彼は心，つまり意識の世界の独立性を唱えました（大芦，2016）。デカルトは，人間の心は身体に拘束されず「神」などのいくつかの観念を持って生まれてくると考えたので，生得説の立場であったといえます（大

山, 2010)。

　一方，ほぼ同時代に生きたイギリスのロック（J. Locke, 1632〜1704 年）は，人間の心は生まれた時は白紙の状態（タブラ・ラサ）にあり，すべての観念は生後の経験から作られると考えた点では経験説の立場であったといえます。経験説の立場をとる人たちは，知識の獲得には観念の連合が重要であると指摘しました（長谷川, 2017）。観念の連合とは，私たちの意識はその要素である観念に分けられるという考え方です。感覚と観念との間および観念と観念との間に連合が生じ，複雑な観念が形成されるのです。感覚とは外界から入ってきた刺激に対する反応であり，観念とはすでに頭の中にある記憶です。連合とはいわゆる連想のことで，赤い色を見て血を思い起こすのは感覚と観念との間の連合で，血を思うと死を思い起こすのは観念と観念との間の連合ということになります（大山, 1990）。これらの結びつきを心理現象の基礎であるとする心理学の立場を**連合主義**，あるいは連合心理学，連合主義心理学といいます。

(2) 近代心理学の成立

　18 世紀末から 19 世紀に入ると，自然科学の影響を受けて，仮説を立て，観察や観測，実験，測定を行って理論的に検証していくという科学的な方法を用いて人の心に迫る研究が次第に行われるようになりました。先に述べたヴントが心理学実験室を創設する以前にも，連合主義，感覚・知覚研究，精神物理学，反応時間研究などが心理学独立の基盤となっています（大山, 2010）。

　感覚・知覚研究では，ヤング（T. Young, 1773〜1829 年）が色覚の 3 色説の原型を発表し，半世紀後にはヘルムホルツ（H. L. F. Helmholtz, 1821〜1894 年）がその説を改訂し，ヤング-ヘルムホルツの 3 色説としました。これは，光は波動であり，網膜状の神経の末端が網膜に達した時に到達した光と共振することで色覚が生じるというものです。そして人間の目は赤，緑，青を感じる神経があり，赤と緑の神経が同時に共振すると黄を感じるというように混色をうまく説明してくれています（大山, 2010）。

　精神物理学では，ウェーバー（E. H. Weber, 1795〜1878 年）が弁別閾，すなわち人が感覚的に弁別できる最小の差異は，標準対象の値に応じて比例的に変化するというウェーバーの法則を実験的に明らかにしました（大山, 2010）。

フェヒナー（G. T. Fechner, 1801～1887 年）は，ウェーバーの法則を根拠として，感覚の大きさは刺激の強度の対数に比例して増大する，というフェヒナーの法則を提唱しました（大山，2010）。フェヒナーが行った弁別閾の実験的測定は，後に極限法，恒常法，調整法といった測定手法に発展し，心理学の数量化への道を開いたという意味では非常に重要な貢献であるといえます（大山，2010）。

以上のような先人たちの功績に支えられ，1879 年にヴントの心理学実験室創設が実現することにつながるのです。エビングハウス（H. Ebbinghaus, 1850～1909 年）は「心理学の過去は長いが歴史は短い」といっています。これは心理学が哲学の範疇から決別し，独自の道を歩み始めたことを意味するのです。すなわち，心理学は誰でも確かめ得るように，客観的に証明された事実によって仮説を検証していく学問として，哲学から独立したのです（Reuchlin 1957 豊田訳 1959）。

(3) ヴント以降の心理学

ヴント以降，20 世紀初頭に入ると心理学は大きく 3 つの流れが起きます。そのどれもが意識中心であった心理学者の目を別に向けるものでした。まずフロイト（S. Freud, 1856～1939 年）は，意識のみならず無意識を重視し，精神分析学を創案しました。

ウェルトハイマー（M. Wertheimer, 1880～1943 年）は，静止した図形（図 1-1）を適切な間隔で連続して提示すると，実際は静止画にもかかわらず動いて見えるという仮現運動の研究を行いました。この現象は個々の刺激に個々の感覚が対応するという考え方では説明できず，全体の場において働く力がそ

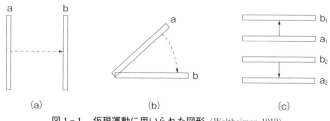

図 1-1　仮現運動に用いられた図形（Weltheimer, 1912）

の場における事象の現れ方を規定するという**ゲシュタルト心理学**誕生のきっかけになったと考えられています（大山，2010）。そして，19世紀末になると幾何学的錯視の研究が盛んになります。

　そして20世紀に入るとワトソン（J. B. Watson, 1878～1958年）が，心理学は意識ではなく，客観的に観察可能なもの，すなわち行動を対象にするべきだと主張しました。この立場を**行動主義**といいます。

　20世紀後半からは，脳の研究が活発になり，ある機能が働いている際に脳のどの部分が活動しているかが目で見てわかるようになりました。現在では新生児の脳活動を見ることもできるようになっています。また，細胞分裂しても引き継がれうる，DNAの塩基配列によらない情報が存在し，それらがゲノムの塩基配列に書き込まれている遺伝情報に上書きされて安定的に引き継がれうる表現型について研究する分野が生まれました。例えば，同じ遺伝子を持っていても，どの環境にいるかによって個体は多様な表現型（個体の観察可能な特性）を表します。この研究分野を**エピジェネティック**といい，細胞の分化，病理の発生，環境の変化に対する迅速な反応，遺伝，進化などを統一的に説明できる概念です（秋山，2012）。

(4) 日本の心理学

　日本の心理学は，ドイツやアメリカの影響を受けて発展してきました（永江，2013）。1883年からアメリカのジョーンズ・ホプキンス大学のホール（G. S. Hall, 1844～1924年）のもとに5年間留学した元良勇次郎（1858～1912年）は，1888年に帝国大学（現東京大学）で心理学を専門に教えました。ホールはドイツで哲学を学び，アメリカで心理学を学んだ後，1878年から再びドイツに赴きヴントの研究室で学んでいます。

　帝国大学で元良勇次郎の教えを受けた松本亦太郎（1865～1943年）は，アメリカのイエール大学のスクリプチュア（E. W. Scripture, 1864～1945年）のもとに留学をし，在米中にドイツへの官費留学の命が下り，ライプツィヒ大学のヴントに師事しました。帰国後は，高等師範学校（現筑波大学）や女子高等師範学校（現お茶の水女子大学），京都帝国大学（現京都大学）で教鞭をとりました。

3．人の心の基本的な仕組みおよび働き

(1) 心の進化

　ヒトは他の動物とは異なり，直立二足歩行が可能になったことにより，両手が歩行から自由になりました。直立したことで視野が広がったため，情報を集めやすくなり，自己意識が発生しました。自己意識とは，外界や他者とは異なる自分を意識することなので，当然他者への意識も高まることになります。また，両手が自由になったことにより，口がものをつかむことから解放され，顔面筋の進化および原始言語が発生し，ヒトは共同体をつくって暮らすようになります。言語を用いたやりとりや，顔面筋の動き，身振り手振りが豊かになることで，共感性やコミュニケーション能力，すなわち社会性が発達し，脳が拡大したと考えられます（内田，2005）。

　社会性の中でも，二者間で相手の為になるような行動を自分の不利益を顧みず行うことを互恵的利他行動といいますが，この行動はヒト以外では見られないとされています。互恵的利他行動は，やってもらったことに対してお返しをするということも含みますが，お返しをしないメンバーが出てくると，やった側は損をしてしまい，互恵的利他行動は成立しないことになります。このような自分の利益だけを追求するようなメンバーを仲間から排除するために，ヒトは社会集団内の個体識別や各メンバーとの過去のやりとりに関する記憶など，高度な認知能力を身につける必要があったのです（長谷川，2016）。

　プレマック（D. Premack, 1925～2015 年）とウッドラフ（G. Woodruff）は，チンパンジーにヒトの心がわかるかどうか，すなわち**心の理論**（theory of mind）の有無を実験によって確かめました。ここでいう心の理論とは，自分と同様に他者（他個体）にも心があることを想定でき，その心の働きを理解し，その心の働きに基づいて他者の行動を予測できることを指します。プレマックらの実験では，困っているヒトの映像をチンパンジーに見せ，それを解決できる選択肢を写真で与えて答えさせるというものでした。実験の結果，チンパンジーはほとんど誤答せず，ヒトの意図や目的を推論しているのではないかと考えられました（Premack & Woddruff, 1978）。そして 30 年蓄積された研究か

ら，チンパンジーは他者（他個体）の知覚や知識と同様に目的や意図については理解しているが，誤信念（勘違い）については理解できないと結論づけられました（Call & Tomasello, 2008）。

　ヒトは3歳8ヶ月頃になると半数が心の理論を持つようになると言われています（Wellman et al., 2001）。これは他者の誤信念が理解できるかという課題によって測定されます。成体のチンパンジーも理解できなかった誤信念という心の一側面をほとんどのヒト幼児は早ければ4歳未満で理解できるようになるということです。このことから，ヒトがいかに心を進化させ，他者の心を読み取る能力を進化させてきたかがよくわかります。

(2) フロイトの心の構造

　先述した精神分析学を創案したフロイトは，意識よりも無意識を重視しました。彼は，私たちの心は本人が直接経験，知覚している意識，普段は意識できないが本人が注意を向ければ意識できる前意識，本人の行動に強く影響を与えるけれども，本人は気づくことのできない無意識の三層構造からなると考えました。無意識には，生まれながらに持っている本能的エネルギー（**リビドー**）を蓄えている**エス**（ラテン語ではイド）があります。このエスは快楽原則に従っており，道徳観念や配慮などはないと考えられています。**超自我**（スーパーエゴ）はエスの正反対で良心と考えられています。超自我は，エスの快楽原則とは異なる道徳的な原則に従っています。エスも超自我も極端なところがあるので，それを調整してくれるのが**自我**（エゴ）です。自我はエスから分化したものですが，超自我はかなり遅れて（5，6歳で）自我から分化すると考えられています。これは親のしつけなどでやっていいことと悪いことなどが次第に内在化されるのが5，6歳だからです。

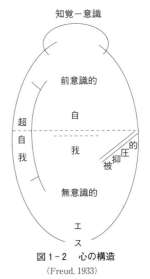

図1-2　心の構造
（Freud, 1933）

―――――――――― **おすすめ図書** ――――――――――

◎ 大芦　治（2016）．心理学史　ナカニシヤ出版
　心理学という学問が成立する以前の古代から現代までの心理学史が初学者にもわかりやすく解説されています。
◎ 内田伸子（編）（2005）．心理学―こころの不思議を解き明かす　光生館
　心理学の魅力が伝わるようなトピックで構成されつつも，各章末には読者の理解度を測る学習の手引き，および巻末にそれらの回答例が示されており，初学者にお薦めです。

心理学ニュース
世の中はデタラメであふれている

(1) 心理学の神話

　みなさんはオオカミに育てられたアマラとカマラという少女の話を聞いたことがあるでしょうか。インドで発見されたその二人の少女は，オオカミのように振る舞い，四足歩行をし，生肉を好み，食事をする時は手を使わず口をそのまま食べ物に持っていったといいます（鈴木，2008）。アマラとカマラのそのような様子を写した写真も残っています。しかし，異なる日に撮影されたと記録されている複数の写真の背景が同じであったり，実際にアマラとカマラを見た人が少ないことから，現在ではこの話は真実ではないとされています。それでも，未だにその話を信じている人がいますし，この話を例として人間の発達について述べる人もいます。なぜこのようなことが起こるのでしょうか。

　学問の世界における神話とは，否定されたり反証が出たりしても消えることなく何度もよみがえるような話のことをいいます（鈴木，2008）。アマラとカマラの話の他にも，「母性神話」や「3歳児神話」，「母乳神話」などというものもあります。母性神話とは，母親は自分のことを犠牲にしてでも子どもに尽くすことが当然であり，女性にはそのような母性本能がもともと備わっているというような考え方です。このような考え方を信じると（もしくはこのような考え方を利用すると），女性が育児をするのが当然と思ったり，母親なら上手に子育てができて当然などという考えに達します。母性神話は否定されているにもかかわらず，今でもまことしやかにこの考え方は世間にはびこっています。実際に育児中の母親がこの母性神話に苦しめられ，育児不安や育児ノイローゼになることもあります。

　3歳児神話とは，子どもが3歳になるまでは母親のもとで育てるのが良いという考え方です。これも様々な研究により，子どもが3歳未満だった時の母親の就労状況が，母子の愛着や後の問題行動などに悪影響を及ぼすことはないということが示されていても（菅原，2003），かなりの母親が3歳児神話に苦しめられています。子どもを保育所に入れて働きに出ると，「子どもがかわいそ

う」などと心ない言葉を投げつけられるという話はよく聞きますし，身内でさえも理解を示してくれないことも多くあるようです。

　母乳神話とは，赤ちゃんは母乳で育てるのが良いという考え方です。もちろん母乳が十分に出る場合には問題ありませんが，十分に出ない場合にはミルクを併用しても構わないのに，完全母乳にこだわりすぎて母親自身がストレスを感じ，ますます母乳が出なくなるということがあります。「母乳が出ないなんて母親失格」と言われることもあるそうです。母性神話も 3 歳児神話も母乳神話も，子育て中の母親の母親，さらにその母親世代には当然のように考えられてきた内容ですので，つい子育てをしている母親にこの神話を押しつけるような言動が出やすいと考えられます。これらの神話は，その内容が信じたいことだったり，その人（たち）にとって都合が良い内容の場合に，実際は否定されていても再びよみがえるのかもしれません。

(2) 批判的な見方

　なぜこのようなことを書いているかといいますと，「心理学」と銘打っている本の中には神話のように否定されているにもかかわらず，たびたびよみがえってしまうような内容や，もっとひどいものでは，根拠がない内容なども含まれていることがあるからです。みなさんはまだ心理学を学びはじめたばかりで，教科書や授業で聞く内容，心理学関連の本などは知らないことだらけでしょうし，興味深い話もたくさんあると思います。しかし，それらの内容を批判的に見ることも重要なのです。「批判的」という言葉を聞くと，何かを悪く言ったり，欠点や短所を指摘することだと勘違いしている人も多いかもしれません。批判的とは，内容をそのまま信じるのではなく，論理的に正しく，論の展開に飛躍がないかなどを自分の頭でよく考えるということです。ほとんどの人は大学に入るまで心理学を勉強したことがないでしょうし，本屋さんに置いてある本は面白そうなテーマであふれていると思います。公認心理師を目指すみなさんには，是非，批判的な見方で心理学を学んでいってほしいと思います。

　　　　　　　　　　＊　　　＊　　　＊

　古見「神話のほとんどは，インパクトが大きくて TV などのメディアに取

り上げられることも多いですね。フェイクニュースという言葉も聞くようになりました。批判的な見方をするコツはどういうものがありますか？」

　回答「まず，情報源を確認するというのが大切ではないでしょうか。新聞記事でさえも，誰が書いたものなのか特定できない場合があります。根拠がある内容なのかをまずチェックすることが肝心だと思います。次に，その情報を発信している人の立場を考えるということも重要ではないでしょうか。例えば，3歳児神話を持ち出す人が『女性は外で働かずに家で家事や子育てをするべき』と考えている人ならば，都合良くその神話を利用していることがわかります。世の中には様々な考え方があります。だからこそ，いろいろな立場の人が情報を発信していることを念頭に置いておくことが重要だと思います」

　津田「誤った人間観を持つことの弊害は個人レベルだけでなく組織や社会の水準にもあてはまるだろうと思います。企業経営者や政治家など影響力のある人物が，人間の性質について誤った考えに基づいてルールづくりをしてしまうことの社会的損失は甚大でしょう。少しでも多くの人が人間の心理と行動に関する見識を深め，より良い意思決定ができるような社会になればと思います」

　回答「おっしゃる通りだと思います。そのような社会になっていくためには，やはり私たち一人ひとりが様々な情報を批判的な目で見ることが大切になってくると思います。影響力を持つ方々だけでなく，私たちは自分の立場が有利になるような証拠集めをする傾向にあります。自分たちとは異なる考えを持つ人の立場に立つのではなく，異なる考えを否定，無視することが多いのです。卒業論文などでも自分の仮説を支持するようなものだけ引用し，支持しないものは引用しない学生がおり，注意することがあります。そのような発信者側の心理も考えながら，受信者側は情報というものを改めて注意深く扱っていく必要があるのではないでしょうか」

　樋口「周りの友人や大切な人が根拠の乏しい『神話』をかたく信じてしまっている時に，どのようなアプローチをすれば，その人に考えを変えてもらうこ

とができるのでしょうか。例えば，私自身は以前，血液型占いを心から信じている友人に，血液型と性格の関係が実証されていないことを指摘して，楽しい話に水をさすなんて！と怒らせてしまったことがあります」

回答「血液型占いなどは，その本人が良しとしているのであれば，あえて『科学的根拠はない』などと言う必要はないと思います（実際に，怒らせてしまったようですし…）。『自分の血液型と合うのはこの血液型だ！』と人付き合いを選んでいるとしても，交際範囲を狭めているということはありますが，おそらく本人は何も不自由を感じていないはずです。問題となるのは，ある神話に囚われることで自分を追い込み，苦しめてしまっているような場合です。そのような場合は，どうして神話を信じるようになったのかを尋ねて，その人の気持ちを受け止め，神話は正しいわけではないことを伝えてあげればいいのではないでしょうか」

小山内「ネットや雑誌でよく見かける『心理テスト』も，実は心理学的な根拠がないことが多いですよね。私もそんな記事を見たりおしゃべりしたりするのは楽しいと思うのですが，相手が真剣に悩んでいる時や，なにか問題を解決しなければならない時には，そうした情報に頼らないことが必要ですよね。楽しむ場面と真剣な場面との使い分けは，どうやったらうまくできるようになるのでしょうか」

回答「上述しましたが，私は科学的な根拠がない神話でも，本人が良しとしているのであれば，それが深刻な場面で用いられても問題はないと考えます。何を信じ，何を信じないかは本人の自由だからです。しかし，心理テストを信じすぎて本人が苦しんでいたり，つらい思いをしているのであれば，やはりその神話に囚われないよう伝えることが大切ではないでしょうか」

2

知覚心理学

1. イントロダクション

　みなさんは，自分の感じている世界がどうやってできあがるかを考えたことはありますか？　もしあなたが電車の中でこの本を読んでいるならば，眼は文字を追い，耳からは電車がガタゴト進む音や車掌のアナウンスの声などが周りから聞こえ，体は振動を感じていると思います。集中して文章を読みながら周りの雑音は気にならないのに，もし今たまたま同じ車両にいた友達が後ろからあなたの名前を小声で呼んだら，あなたはすぐに振り向くことができるでしょう。あるいは，とても集中して文章を読んでいたらすぐには友達の声に気づかないかもしれません。気づかなかった間，あなたに友達の声は聞こえなかったでしょうが，しかし音声としては確かに存在しました。なぜ聞こえなかったのでしょうか？　耳の鼓膜は震えているはずなのに，どうして認識できなかったのでしょうか？　今こうしている間でさえ，あなたの感覚は常に周りの情報を拾い，取捨選択し，私たちの意識にのぼらせています。何が知覚されるものを決めているのでしょうか？　私たちの見ている世界，聞いている世界，触れている世界というものは，物理世界そのままではありません。では，一体なんなのでしょうか？

　知覚心理学は，普段私たちが意識することがない感覚・知覚について考える学問です。「人間の心を勉強するのに，どうして知覚なの？」と思われるかもしれません。本書でも第2章にまず知覚心理学がありますが，心理学ではしばしば知覚は「心の入り口」といわれます。それは感覚が物理世界と意識世界をつなぐ唯一の窓口であり，知覚は心的体験の出発点だからです。ここでは感覚・知覚の導入として感覚の種類やその基本的な法則について触れ，その中で

も視覚について少し解説したいと思います。

2．感覚の種類と精神物理学

　感覚には種類があります。視覚，聴覚，嗅覚，味覚の他に，皮膚感覚，平衡感覚，内臓感覚，深部感覚が現在の一般的な感覚の分類です。この中で皮膚感覚はさらに5つに分けられ，触覚，圧覚，温覚，冷覚，痛覚があります（表2－1）。それぞれの感覚には個別の受容器があり，その受容器が受け取る物理的な刺激を適刺激といいます。例えば，視覚の受容器は網膜にある錐体と桿体という光受容細胞で，この細胞は380〜780nmの波長の光に反応します。視覚の適刺激は錐体・桿体が検出できる波長の光ということになります。それぞれの感覚受容器から得られる感覚体験を**感覚様相（感覚モダリティ）**といいます。つまり感覚受容器とはセンサーのことであり，私たちは外界からの様々な物理的刺激を感知するセンサーを体にいくつも持っているということになります。人間は高度なセンサーを持っていますが，センサーの出力（感覚受容器の反応）＝知覚ではなく，ヒトにとって意味のある情報が抽出・加工され，その結果として普段私たちが体験する知覚となるのです。この過程を**知覚情報処理**と呼びます。

　感覚受容器はセンサーですから，それらがどれくらいの感度や精度を持つかを知ることは非常に重要になります。心理学では人間の主観的感覚（知覚）を，精神物理学的手法により測定してきました。ここで重要になってくるのは，閾という概念です。「閾」には，感覚・知覚（あるいは反応）が生じるか生じないかの境界という意味があります。まず**刺激閾（絶対閾）**とは，その感覚が生じるのに必要な最小の刺激強度を指します。とても少ない刺激でも感覚が生じるなら，感度が高いといえます。感度は刺激閾の逆数（1/閾値）で表します。次に，2つの刺激が違うものであると感じる最小の刺激強度の差を**丁度可知差異**あるいは**弁別閾**といいます。

　精神物理学は，物理的な刺激に対してどのくらいの量の知覚が生じるのかをつぶさに測定し，知覚量を物理刺激量の関数で記述しようとする学問です。基本的な刺激量と感覚量の関係についてよく知られている法則は，フェヒナー

表2-1 感覚の分類と受容器

感覚の種類		
視覚		網膜の光受容体細胞により，可視光に対して引き起こされる感覚 （受容器：錐体，桿体　適刺激：380〜780nmの波長の電磁波）
聴覚		内耳内の有毛細胞により，可聴域の音波に対して引き起こされる感覚 （受容器：有毛細胞　適刺激：20〜20,000kHzの音波）
平衡感覚 （前庭感覚）		内耳内の三半規管により，頭の傾きや自身の移動（加速度）に対して引き起こされる感覚 （受容器：三半規管　適刺激：体の傾き，加速）
嗅覚		鼻腔の嗅覚細胞により，揮発性化学物質に対して引き起こされる感覚 （受容器：嗅覚細胞　適刺激：揮発性化学物質）
味覚		口腔内の味覚細胞により，水溶性化学物質に対して引き起こされる感覚 （受容器：味覚受容体細胞　適刺激：塩化ナトリウムやアミノ酸など食物に含まれる味物質）
皮膚感覚	触覚	表皮にあるメルケル盤などにより，何かが触れる刺激に対して引き起こされる感覚
	圧覚	真皮にあるパチニ小体どにより，皮膚にかかる圧力に対して引き起こされる感覚
	温覚	真皮にあるルフィニ終末などにより，温度変化により引き起こされる感覚
	冷覚	真皮にあるクラウゼ小体などにより，温度変化により引き起こされる感覚
	痛覚	真皮にある自由神経終末などにより，強い圧迫や侵害刺激により引き起こされる感覚
内臓感覚		心筋や内臓面膜などにある感覚受容器により引き起こされる感覚，腹痛など
深部感覚 （自己受容感覚）		関節や筋肉など身体内部にある深部感覚受容器により，各部位の変化や機械的刺激（物理的な刺激）に対して引き起こされる感覚

(G. T. Fechner) の法則です。これは，感覚量 (R) は刺激強度 (S) の対数に比例して大きくなっていく，というものです（図2-1）。数式で表すと以下のようになります。

$$R = k \log S$$

k は定数であり，感覚モダリティやタスクによって変化します。この法則に従うと，刺激量が小さい刺激を2つ比較する時は，刺激強度の差がとても小さくても違いがわかります。しかし，刺激量が大きいものを2つ比較する時は刺激強度の差が大きくないと弁別できません。例えば1円玉が1枚（1g）と5枚（5g）の時は重さの差が4gですが私たちは重さが違うとわかります。し

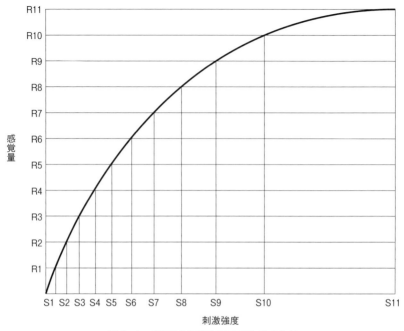

図2-1　感覚量と刺激強度の関係（筆者作成）
等間隔の感覚量 R を得るためには，刺激強度 S が大きくなるにつれ加える刺激強度を大きくしていかなければいけない。

かし荷物の入ったダンボールが5,000gの時と5,004gの時の違いはわからないでしょう。つまり，5,000gと5,004gの比較の時には，1gと5gの比較のときに比べて弁別閾が大きいということになります。この，"弁別閾は刺激量に比例して大きくなる"法則を数式で示したのがウェーバー（E. H. Weber）です。この**ウェーバー・フェヒナーの法則**は様々な感覚に共通するものとして知られています。

　精神物理学では物理 - 知覚の量的関係性を研究対象とし，その手法は人間以外の動物や乳児の研究などでも用いられています。

3．視　覚

視覚は最も身近な感覚の一つです。視覚は眼球内の光受容細胞である**錐体**と

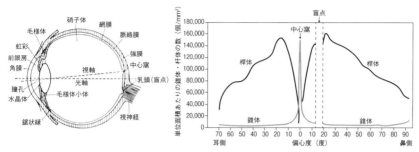

図2-2　眼球の構造（千々岩，2001より一部改変）**と網膜上の桿体と錐体の分布**（Osterberg, 1935より一部改変）

桿体が光を受け取ることから始まります。光線を受け取る錐体と桿体がある場所は網膜上で異なり，錐体は網膜の中心である**中心窩**にほとんどが集中しています。反対に桿体は中心窩周辺から網膜周辺にかけて分布しています（図2-2）。網膜には盲点という光受容細胞が存在しない場所があります。ここに光が入っても私たちはそれを知覚することができません。普段私たちが盲点に気づかないのは眼が2つありそれぞれの盲点の情報を補い合っており，脳内でもそれを補完しているからです。錐体と桿体では役割が異なります。まず錐体は環境が明るい時によく活動し，ピーク感度の波長が異なる3種類があり色を識別する機能を担います。桿体は環境が暗い時によく活動し，色の識別能力はありませんが光に対する感度が高いことがわかっています。

錐体と桿体で検出された光は，色覚，形の知覚，奥行き知覚，運動知覚など様々な視知覚を引き起こします。まず色覚ですが，人間では錐体の分光感度特性が3種類あることに起因します。色覚では光の波長により感じる色が違いますが，それはどの錐体がどれくらい活動しているのか，3種類の錐体の出力の比によって決まるからです。これはテレビなどのディスプレイが色をつくる仕組みのもとにもなっています。ディスプレイにはR（赤）G（緑）B（青）の発色をする発光体が細かく並んでおり，それぞれをどれくらいの強さで発光させるかによって色を表現しています。これは，受け手側の人間も3種類の錐体によって色を識別しているからです。このように，3原色を混ぜる（混色する）ことによってすべての色を表現できることは古くから知られており，ヤング（T. Young）は1801年に**3原色説**を提唱していました（ヤング-ヘルムホ

(a)

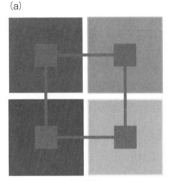

(b)

図2-3a 色の対比 (筆者作成)
真ん中にあるくすんだ青色のパッチ
は，赤に囲まれたものは緑っぽく，
緑に囲まれたものは赤っぽく見える。
4箇所はすべて同じ色である。(カ
ラーの図はカバー折り返し部分参照)

図2-3b 図地分離問題の例 (筆者作成)
白い部分を図と見るとコトリ(小鳥)という文字が
浮かび上がる。この時，黒い部分は地になっている。

ルツ（Young-Helmholtz）の3原色説)。

　色の見え方には，**明るさ（明度）・色相・彩度（飽和度）**の3つの属性があります。色相とは，赤や緑，黄色，紫といった色の様相の違いのことで，円環状に並べることができます（色相環）。この色相の知覚に着目したのがヘリング（K. E. K. Hering）です。ヘリングは赤っぽい緑や緑っぽい赤はないこと，同様に黄色っぽい青や青っぽい黄色もないという知覚的な色の見えを重視し，1874年に**反対色説**を唱えています。反対色説は，赤－緑・青－黄・白－黒の3軸によって色覚が説明できるとするものです。この説は色の対比現象や色残効の知覚をよく説明します（図2-3a）。実は色覚の生理学的根拠として，ヘリングの唱えた反対色過程をとる処理段階が網膜以降にあることが明らかになっています。

　形の知覚に重要なのは，**図地分離**と**群化**の知覚現象です。「図」として認識されたものだけが形を知覚され，「地」は形を持ちません。これを図地分離といいます（図2-3b）。図の認識に比べ地の認識は弱くなります。複数の図（要素）についての知覚現象では群化が重要でしょう。群化の知覚は，ばらばらの要素がまとまりを持って知覚される現象です。ゲシュタルトの法則は，どのような要因が群化知覚（まとまりの知覚，つまりどのようなものが一つの図

近接の要因
近いものがまとまりとして知覚される

閉合の要因
互いに閉じているもの同士がまとまりとして知覚される

類同の要因
似ているものがまとまりとして知覚される

共通運命の要因
同じ動きをするものがまとまりとして知覚される

良い連続の要因
単純につながるなめらかな線分をまとまりとして知覚する

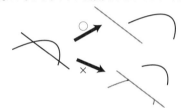

図2-4 ゲシュタルトの法則（筆者作成）

として認識されるのか）に必要かを記述しています（図2-4）。形の知覚には様々なものがありますが，これらはパターン知覚と呼ばれます。ゲシュタルトの法則は，人間の知覚特性を示すものとしてデザイン分野でよく利用されています。

　自分からどれくらいの距離にあるのか，空間を把握する奥行きの知覚にはいろいろな手がかりが複合的に関わっていることがわかっています。例えば「大きさ」の手がかりは，同じ物体でも遠くにある時には網膜像は小さくなり，近くにある時は網膜像が大きくなることから，物体の見えの大きさを利用して奥行き位置を推定するものです。これは「**大きさの恒常性**」の知覚と綿密に関係しています。大きさの恒常性とは，物体までの距離によって網膜上の大きさが変わってしまうにもかかわらず物体そのものの大きさは変化して感じない現象です。例えば，600m先にある車は網膜上ではとても小さくなりますが，私たちはそれを「ミニカーだ」とは感じません。普通の大きさの車が遠くにあるん

だな，と感じます。大きさの恒常性には，その物体に関する知識や親近性，背景の文脈（他の奥行き手がかり）などが大きく影響します。

4．物理世界をそのまま知覚していないことを示す現象―錯覚

　この章の冒頭で，「知覚は物理世界そのままではない」と述べました。普段は複数の感覚の情報は一つの意識に統合され，私たちは何の齟齬もなく環境と相互作用して生活できますから，「感じている世界＝物理世界」なのだと疑問を持たないのです。しかし，物理的な特徴とは異なるものを知覚してしまう**錯覚**現象は，それが間違っていることを教えてくれます。図 2-5 は有名な幾何学錯視です。錯覚は視覚のみならず，聴覚や触覚の錯覚などもあります。このような錯覚現象を解明することにより，「普段私たちはどのように感覚情報を処理して知覚しているのか」について，明らかにすることができます。

ミュラー・リヤー錯視
上と下の横線部分は物理的には同じ長さ

ポンゾ錯視
上と下の長方形は物理的には同じ大きさ

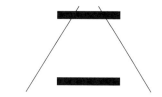

エビングハウス錯視
左右の黒い丸は物理的には同じ大きさ

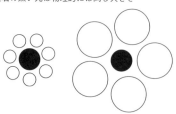

カフェ・ウォール錯視
模様はすべて物理的に平行に配置されている

図 2-5　有名な幾何学的な錯視（筆者作成）

―――――――――― **おすすめ図書** ――――――――――

◎ 藤田一郎　「見る」とはどういうことか―脳と心の関係をさぐる
　立体視の神経生理学がご専門の藤田先生が書かれた視覚と脳内の神経メカニズムの一般書。神経生理学の研究のお話もたくさん書かれています。
◎ 下條信輔　「意識」とは何だろうか―脳の来歴，知覚の錯誤
　知覚や錯覚の話から始まり，そこから人間の意思決定について，意識と無意識とはなにか，哲学的な問題を投げかける一冊です。
◎ 傳田光洋　皮膚感覚と人間のこころ
　触覚について，2013年の時点での最新研究を盛り込んだ一冊です。文学作品の引用も多く，皮膚から入ってくる情報処理についてより身近に理解を深められる一般書です。

心理学ニュース

金属？　陶器？　濡れている？　乾いている？　見ただけでそのものの性質や状態がわかる，質感知覚の話

　みなさん，小さい頃にしたお絵描きを覚えているでしょうか？　私の小さい頃は，だいたい10～16色ぐらいのクレヨンや色鉛筆が主流だったのですが，ちょっと豪華なセットだと金色や銀色が入っていました。でもクレヨンの金色は，子どもが想像するような「金ピカ！」ではなくて，ちょっとキラキラしている黄色かな？という色でした。「これでお花を塗ったら金のお花になる！」と思っても，少しキラキラした黄色い花になってしまう。つまり，クレヨンで塗るだけでは金色はうまく表現できませんでした。

　これは，私たちが「金色」や「銀色」と呼んでいる色は，実は色覚ではなくて，物体の質感の知覚だからです。物体から反射する波長によるものではなく，光沢感（ピカピカしている感じ）や反射率などによって感じるものです。「金色に輝く花」を描きたければ，花の形状に沿ったようにハイライトなどを入れなければいけないのです。最近，この「質感」の知覚について研究が盛んに行われています。

　これまで物体の質感というものは，とても複雑な処理の結果得られる知覚だと思われてきました。しかし本吉ら（Motoyoshi et al., 2007）の研究により，光沢感の知覚は刺激の輝度ヒストグラム分布（それぞれの明るさ〈輝度値〉のピクセルがどれくらい画像中に含まれているのか，その頻度の分布）の歪み方，またはそれを反映する画像統計量（画像の中にどれくらいの輝度や色が含まれているのか，画像の特徴を示す平均や分散，歪度〈分布の歪みをあらわす〉などの数値のこと）で操作できることが明らかになりました。つまり，人間は光沢感を判断する時に，刺激から得られる簡単な画像統計量を重要な手がかりとして使っているということです。

　例えば図2-6のように，私たちは触らずに写真を見ただけで，つまり視覚情報だけでそのものが濡れているか乾いているかわかります。この"ものが濡れている"という状態の知覚がどのように得られるのかについて，澤山ら

図2-6 濡れたアスファルト（筆者作成）
何と比較しなくても私たちは「アスファルトが濡れていること」がわかる。

(Sawayama & Nishida, 2017) は，写真の色成分の画像統計量を少し変化させるだけでそれが"濡れている"ように見えることを発見しました。これも，人間の視覚系が簡単な画像統計量でものの状態を判断しているという一例です。

現在は，視覚的な材質感の研究だけでなく，音の質感や触覚での質感の知覚など，様々な質感知覚が研究されているところです。人間が世界をどのようにどんな過程を経て感じているのか，について少し深く考えてみると，面白いテーマがまだまだたくさん残っているのです。

＊　　＊　　＊

古見「視覚で質感がわかるのは経験からなのでしょうか？　例えば濡れたアスファルトを見たことがない人でもこの画像を見てアスファルトが濡れていると感じるものなのでしょうか？」

回答「これはとても面白い問題で，澤山らの論文では経験の影響に関する議論はなされていませんでした。彼らの論文では，「色の飽和度（彩度）が高く，ハイライトがついていて，平均輝度が暗くかつ色相の分布のばらつきが大きい（たくさんの色が画像に含まれている）画像がより濡れているように見える」

といっています。このような特徴を満たす画像であれば，濡れて見えやすいということです。これは"濡れている物体の画像"に対する共通の特徴なので，アスファルト自体を見たことがなくても，他の"濡れているもの"を見たことがあれば，初めてであっても"これは見たことがないけれどもおそらく濡れているな"と知覚する可能性はあります。ただ質感は，そのものの特性に関する知覚ですので，物体を触ったことがあったり以前見たことがあったりといった，経験や知識からの高次の影響は少なからずあるのではないか，とも考えられます。光沢感に関する発達研究はあるのですが，濡れ感についても発達的にどのように現れるのか，これまでの知覚経験にどのように影響されるのかは今後の研究テーマになるかもしれません」

　津田「光沢知覚の成立には輝度分布に歪みがあることは必ずしも必要ではなく，また輝度分布の歪度が高ければ必ず光沢感を感じるわけでもないことがその後の研究から指摘されています」

　回答「ご指摘のとおりです。例えばハイライト部分の位置を回転させると，物体の形状とハイライトの位置が合わなくなりますが，輝度ヒストグラムの画像統計量は変わりません。しかしこのような画像では知覚される光沢感が失われるという報告があります（Anderson & Kim, 2009; Marlow et al., 2011）。その後の論文では，「輝度ヒストグラムの画像統計量≠光沢感」ということが指摘されています。物体の全体や表面の形状などは光沢の位置に大きく影響を与えるので，その整合性はとても重要です。ですので，光沢感の知覚というのは高次のもので，観察している物体がどのような表面反射特性を持っているのかについての解釈に低次の画像統計量が使われており，その推定された表面反射特性と，物体形状や高次の認知処理があわさって，最終的な物体の質感への知覚になるのではないかといわれています（西田ら，2016）」

　樋口「視覚だけではなく，音の質感や触覚での質感があるという話が少し出てきましたが，質感を感じる脳の部分は，それぞれの感覚で違うのでしょうか。例えば，ホルンが奏でるつやつやした音と，つやつやした宝石の珠はなんとな

く私に共通の印象を抱かせます。感覚の垣根を越えてつやつや感を感じさせるような脳の働きがあるのでしょうか」

回答「面白い視点だと思います。"艶"という概念がモダリティを超えて共通の脳の働きの結果にでてくるものなのか，ということですよね。私は音楽に疎いので，つやつやした音がどのようなものなのか実際には想像できないのですが，一種の共感覚のような感じなのでしょうか？　管楽器の艶のある音を聞くと，なめらかな表面の質感が視覚的あるいは触覚的にイメージされる…というような。

聴覚や触覚の質感についての脳研究を私は知らないのですが，視覚ではサルの高次視覚野に光沢選択性を持つ細胞があることがわかっています（Nishio et al., 2012）。また，ヒトを対象にしたfMRI研究では，光沢に注意をむけると腹側（色や形などを判断するといわれる部分）の高次視覚野で活動が高まるようです（Wada et al., 2014）。聴覚や触覚の質感は，もしかしたらそれぞれの領野が活動するのかもしれません。

しかし，質感はやはり多感覚間で統合的になされるものとも考えられます。例えば木材や金属といった素材の判断に視覚情報と聴覚情報がどのように統合されているのかといった点についても研究されており，視覚情報や聴覚情報どちらかが曖昧な場合は，視聴覚情報の重み付け平均のような形で材質感が判断されることが明らかになっています（西田・藤崎，2016）。

材質はその物体が何からできているかについての判断ですが，まずは"つやつや感"や各モダリティで共通だと思われる質感がどんなものか考えていくことが重要かもしれません。これらがもし善美の判断や好き嫌いといった価値づけを伴う感性的なものだとすると，質感を表現するオノマトペの研究や表現空間など，樋口さんの疑問は「感性的質感認知についての脳科学的な研究」だと捉えられるかもしれません。情動に関する脳部位は扁桃体や島皮質が考えられます。詳しくは長くなってしまうので省きますが，一言で"質感"といっても様々な側面が現れる，深い問題ですね」

小山内「質感は，立体的にものを捉える感覚とは違うものなのでしょうか。

ざらざら，つるつるといった感触は，表面に立体的な形状があるかどうかでわかるような気がします」

　回答「ご指摘のとおり，質感と物体形状や表面の立体知覚は非常に緊密な関係があることが指摘されています。表面のざらざら感は基本的には触覚で知覚できる属性で，専門的にはラフネス（粗さ感）というようです。この表面の感覚は視覚でも識別することができ，物体の全体の形状に関わる「ボコボコしたもの」「つるんとしたもの」というのは物体の凹凸を知覚する立体視の機能が重要な視覚的手がかりとなります。一方で，物体の素材を判断するような，表面の細かい凹凸の判断には反射特性が重要な手がかりとなるといわれています。例えば細かい毛でできたベルベットのようなものは他のものを遮蔽する輪郭部分が少し明るく見えます。細かい毛をCGで表現する時，物理シミュレーションで一つひとつの毛をそのまま描画しようとするととても計算が大変ですが，このような材質の物体の反射率を計算し，反射率を一般化した分布関数で物体表面を表現すると，毛がないのに細かい毛があるようなふわふわした見えになります。これは反射率の計算である程度再現できるので，立体感とは異なる画像特性が質感の知覚に使われていることを示しています。物体を運動させると光沢感が増すとの報告もあり，立体視，運動視，形態処理，色処理，反射特性の処理が綿密に関係しながら質感の見えをつくっているのだと思われます」

3 認知心理学

「みんなと自分が,同じ世界を見ているとはとても思えない」。筆者がまだ高校生だった頃,放課後の教室で,友人がこんなことを言いました。例えば,他の人がすぐに見つけられたものが,なぜか自分にはなかなか見つけられないという経験はないでしょうか。あるいは,みんながとっくに忘れてしまったことを,自分だけがいつまでも覚えているという経験があるかもしれません。私たちの世界の見え方は,人それぞれ異なることがあります。その一方で,多くの人に共通した世界の見え方というものも確かにあるのです。どうして人の認識には違いや共通点があるのでしょうか。このような問題を考えるために,**認知心理学**の研究知見が役に立ちます。認知心理学は「**認識と知識**」の学問であるといわれます(道又,2003)。人間が自分をとりまく世界をどのように認識しているのか,どのように複雑な世界から知識を得るのか,そしてどのようにその知識を使うのかということが認知心理学における主要な研究対象です。この章では,注意,記憶,思考に焦点を当てて,人間の認知過程とその研究手法について解説します。

1. 注　意

人間は膨大な情報に晒されながら,日々の生活を送っています。町中ではたくさんの人,乗り物,色鮮やかな看板が目に入ります。雑踏を歩いていると,人々の会話や車のエンジン音,鳥の声などが聴こえてきます。人間の生きる世界にはとにかくたくさんの情報があり,そのすべてを処理することはできません。私たちは,膨大な情報の中からいくらかの情報を選びとって,優先的に処理しています。ある情報を選択的に処理して,他の情報を無視する機能を**選択的注意**(あるいはたんに「**注意**」)と呼びます。

賑やかなパーティ会場では多くの会話が聴こえてきますが，目の前の友人が話す声に注意を向けていれば，まわりの騒々しさをほとんど気にすることなく会話を楽しむことができます。でも，もし他の人たちの会話に注意を奪われてしまったら，友人の話を聞き逃してしまうかもしれません。注意を向けた会話がよく理解でき，他の会話が無視されるという現象は**カクテルパーティ効果**と呼ばれます。この現象の初期の研究手法として，両耳分離聴という実験があります（Cherry, 1953）。この実験では，実験参加者はヘッドホンを着用して，左右の耳からそれぞれ別のメッセージを聴きました。参加者の課題は，一方の耳から聴こえるメッセージだけを口に出して繰り返す（追唱する）ことでした。このとき，もう一方の耳から聴こえる（追唱していない）メッセージが英語からドイツ語に変わったり，逆再生になったりしましたが，参加者はこうした変化にはほとんど気がつきませんでした。この実験結果は，注意を向けていない情報の変化に気づくことが難しいことを示しています。

　注意は，視覚においても情報の選択機能の役割を果たします。例えば，探すべきものが注意を向けている場所に現れた時には，注意を向けていない場所に現れた時よりも，対象を早く見つけることができます（Posner, 1978, 1980）。また，注意には物体の特徴を結びつける機能があるとも考えられています（**特徴統合理論**，Treisman & Gelade, 1980）。例えば，「緑の三角形」や「赤い四角形」は色（緑や赤）と形（三角や四角）という視覚的な特徴を組み合わせた物体です。注意は脳内の別々の部位で処理された色と形の情報を統合して，物体を認識・照合できるようにする働きをすると考えられます。

　注意の制御には，様々な要因が影響を及ぼします（Awh et al., 2012; Theeuwes, 2018）。まず，物理的な顕著性が注意を引きつけることが知られています。つまり，注意は環境中の目立つものに引きつけられる性質があります。それから，注意が向けられる対象は行動の目的に左右されます。例えば，飲み物を飲もうとしている時には，注意はグラスに向けられているはずです。さらに，過去の経験も注意の制御に影響を及ぼすことが指摘されています。よく知っている視覚場面では，知らない場面と比べて，より早く探すべきものを見つけることができます（Chun & Jiang, 1998）。これは経験や知識によって，探すべきものへと注意が効率的に誘導されるためであると考えられます。

2. 記　　憶

　私たちの日常生活のほとんどの認知活動や行動が，記憶に支えられているといっても過言ではありません。例えば，「自転車に乗って学校へ行く」という行動を実行するためには，自転車や学校そのものの記憶が不可欠ですし，自転車の乗り方や学校までの道順はもちろん，「自分は今まさに学校に行くのだ」という意図も記憶しておかなければいけません。記憶には，情報を取り込み覚える過程（**符号化**），覚えた情報を貯蔵しておく過程（**貯蔵**），覚えた情報を必要な時に取り出す過程（**検索**）があると考えられています（Baddeley, 2009）。これらの過程はそれぞれ，記銘，保持，想起とも呼ばれます（今井・高野, 1995）。

　記憶は，覚えた情報を保持できる時間によって，**感覚記憶**，**短期記憶**，そして**長期記憶**に分類されます。記憶の構造を記述したモデルとして，**二重貯蔵モデル**が有名です（Atkinson & Shiffrin, 1968）。二重貯蔵モデルでは，外界の情報はそれぞれの感覚器官で処理されて，ごくわずかな時間だけ（視覚では1秒以下，聴覚では数秒），感覚記憶として保持されます。感覚記憶はその後，短期記憶に転送されます。短期記憶で保持できる時間と容量には制限があり，**リハーサル**を行わないかぎりは，情報は数十秒程度で失われてしまいます。リハーサルとは，情報を心の中で，あるいは声に出して繰り返すことをいいます。例えば，新しい英単語を覚えようとした時に，何回も繰り返し唱えたり，書いてみたりしたことはないでしょうか。そのようなリハーサルを行うことで，短期記憶に情報を保持することができます。短期記憶の情報のうち，リハーサルされた情報は長期記憶に転送されやすくなります。長期記憶では，半永久的に大量の情報を保存することができると仮定されています。先ほどの英単語の例に戻れば，一度しっかり覚えた英単語は思い出すことが簡単ですし，テストや会話で使うことができます。これは，その英単語が長期記憶に貯蔵されているためであるといえます。

　短期記憶に類似した概念として，**ワーキングメモリ**があります（Baddeley & Hitch, 1974; Baddeley, 2000, 2009; 齊藤, 2014）。ワーキングメモリは作動記

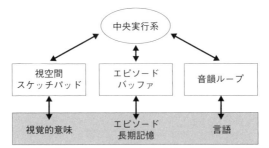

図 3-1　バッデリー（Baddeley, 2000）のワーキングメモリのモデル

憶（作業記憶）とも呼ばれ，計算や推論，読解，学習など様々な認知活動において，情報を一時的に保持する役割を持ちます。バッデリー（Baddeley, 2000）のワーキングメモリモデルでは，音韻的な情報と視空間的な情報が異なるメカニズムによって保持されていると仮定しています（図 3-1）。音韻的な情報とは，誰かの言った言葉や言語・音声などの情報のことで，音韻ループと呼ばれるシステムがそれらの保持を担います。視空間的な情報とは，目に映るものやその位置など言語を介さない情報のことで，視空間スケッチパッドが保持に関わります。さらに，複数の情報をまとまったエピソードとして保持するエピソードバッファが想定されています。これらの保持システムは，図 3-1 のように長期記憶（視覚的意味，エピソード長期記憶，言語）と情報のやりとりを行います。また，ワーキングメモリモデルでは，**中央実行系**という情報の制御機能が上位に置かれています。中央実行系は様々な認知活動を支える制御機能で，情報を更新すること，課題を遂行する際の注意を方向づけること，不必要な反応を抑制することなどが役割として挙げられます。例えば，運転場面を例にとってみましょう。車を運転している時，私たちは刻一刻と移り変わる風景の情報を更新し続ける必要があり，安全な走行のために必要な情報（信号や歩行者など）に注意を向ける必要があり，運転を邪魔するものを無視しなければなりません。中央実行系はこのような認知活動のために重要な役割を担うと仮定されます。

　長期記憶は顕在的な（意識を伴う）過程である**宣言的記憶**と，潜在的な（意識を伴わない）過程である**非宣言的記憶**に分類されます（Squire & Zola, 1996）。宣言的記憶は言葉で説明することができるタイプの記憶で，一般的な

知識である意味記憶と，個人的な思い出であるエピソード記憶に分けられます。非宣言的記憶は，言葉で説明することが難しいタイプの記憶で，宣言的記憶と比べると記憶を利用しているという意識を伴いません。例えば自転車の乗り方のような運動技能，計算課題の演算のような認知技能などは非宣言的記憶にあたります。このような記憶は手続き的記憶とも呼ばれます。

3. 思　　考

　思考とは，すなわち物事を考える心の働きのことです。知覚を通して獲得した情報や記憶した情報を，ある目的のために利用・操作し，新しい情報を生み出す認知過程を思考と呼びます（御領，1993）。認知心理学では，**推論**や**問題解決**が思考の主要なトピックとして扱われます。

　推論は，利用可能な情報（前提や事実）から，新しい情報や結論を導く過程です。例えば，レストランで頼んだハンバーグがおいしかった時に，あなたは「このレストランでは他の料理もきっとおいしい」と考えるかもしれません。このように，「ハンバーグがおいしかった」という事実から，「他の料理もおいしいだろう」という結論を導くことが推論です。推論という思考過程によって，私たちは実際に経験した事柄以上のことを考えることができます。

　推論は，**帰納的推論**と**演繹的推論**に区別されます。上で述べたレストランの例のように，事実を一般化する推論を帰納的推論と呼びます。帰納的推論は必ずしも正しい結論を導くとはかぎりません（そのレストランでおいしいのはハンバーグだけで，他の料理はいまいちかもしれません）。一方，演繹的推論は，一般的な前提から個別の結論を得る推論で，常に論理的に正しい結論を導くことができます。例えば，「肉はタンパク質を含んでおり，ハンバーグは肉でできている。だからハンバーグはタンパク質を含んでいる」という論法が成り立ちます。

　推論によって正しい解を得ることは，時として簡単ではありません。多くの人が答えを間違えると報告されている，ウェイソン選択課題（Wason, 1966, 1968）に取り組んでみましょう。一方の面に数字が書いてあり，もう一方の面にアルファベットが書いてあるカードが4枚あり，片面だけが見えるように並

図3-2 ウェイソン選択課題（4枚カード問題）

べられています（図3-2）。4枚のカードには，「カードの片面に母音（A, E, I, O, U）が書いてあるならば，そのカードのもう一方の面には偶数が書いてある」というルールがあります。このルールが成り立っているかを確かめるために，裏面を必ず見なければならないカードはどれでしょうか。みなさんは，まっさきにAのカードを裏返すはずです。それで終わりでしょうか？ もしかしたら4のカードもめくるかもしれません。そうだとすれば，あなたは誤りを犯したということになります。裏面を必ず見なければならないカードは，実は，Aと7です。奇数のカードの裏に母音が書かれているとルールが成り立たないので，7の裏を確認しなければなりません。偶数のカードの裏に母音以外が書かれていてもルール上の問題はないため，4をめくる必要はありません。しかし，多くの人は，偶数が母音の裏にあることを確かめるために，4のカードを選んでしまいます。人は与えられた命題が「真」であることを確かめようとするバイアスを持ちます。バイアスとは，先入観や偏見など，考え方の偏りのことです。とくに，自分が持っている仮説を支持する証拠を重視して集め，仮説に反する証拠を無視する傾向を**確証バイアス**と呼びます。

　次に，図3-3のようなカードを使って，「ビールを飲む人は20歳以上である」というルールを確かめてみましょう。ルールを確かめるために裏返さなければならないカードはどれでしょうか？

図3-3 日常的な出来事と関係したウェイソン選択課題

正解はビールと 16 歳です。論理の構造は数字とアルファベットの課題と同じですが，日常的な出来事に関係したカードを使うと正解を選ぶことがずっと容易になります。これは，私たちが論理規則以外の記憶や知識を用いて思考をしているからであると考えられます。

この章のはじめに，「どうして人の認識には違いや共通点があるのでしょうか」と書きました。私たちは自分自身の記憶や知識などを持ちあわせているため，認識の違いが生まれることがあります。一方で，注意や記憶，思考のように，人はある程度共通した機能を通して世界を認識しているために，認識の共通点が生まれます。この章では，認知心理学が扱うトピックの中でも注意，記憶，思考に焦点を当てて解説をしました。認知心理学は近年より広がりと深まりを増している学問で，ここで紹介しきれなかったトピックは多岐にわたります。また，研究の成果は現実世界にも応用され，人々の生活を良くするために役立っています。

おすすめ図書

◎ 道又　爾・北崎充晃・大久保街亜・今井久登・山川恵子・黒沢　学（2003）．認知心理学―知のアーキテクチャを探る　有斐閣
　認知心理学の考え方や，学問が生まれた背景，これまでの主要な研究についてわかりやすく解説されています。
◎ 村上郁也（編）(2010)．イラストレクチャー認知神経科学―心理学と脳科学が解くこころの仕組み―　オーム社
　認知心理学の主要な研究がイラストつきで丁寧に説明されています。認知機能を支える脳の仕組みについて理解が深まります。
◎ 下條信輔（1996）．サブリミナル・マインド　中央公論社
◎ 下條信輔（2008）．サブリミナル・インパクト　筑摩書房
◎ 下條信輔（2017）．ブラックボックス化する現代　日本評論社
　下條先生の著作では，自分では意識しない「潜在的な認知過程」という視点から，現代社会で見られる様々な現象をひもといていきます。非常に読みやすく，スリリングでおすすめです。

心理学ニュース
テクノロジーが注意を奪う時

　読者のみなさま，突然ですが，スマートフォンや携帯電話をよく使いますか？　スマートフォン（以下スマホ）や携帯電話は何をするにもとても便利で，いまや仕事でもプライベートでも欠かせないアイテムであるといえるでしょう。私に関していえば，机の上にスマホが置いてあるとなんとなくそちらが気になってしまいますし，とくに用事もないのにスマホを手に取ってしまうこともあります。仕事の気が散るくらいならかわいいものですが，スマホに気を取られて，時には危険な状況になることがあるかもしれません。例えば，スマホを歩行中に操作する「歩きスマホ」や，運転中に操作する「ながらスマホ」は，事故を引き起こす原因として国内外で問題視されています。この章の心理学ニュースでは，この問題に関係した本を紹介したいと思います。マット・リヒテルの『神経ハイジャック　もしも「注意力」が奪われたら』というノンフィクションです。

　この物語は，レジーという青年が交通事故を起こし，二人のロケット科学者が命を落とすところから始まります。レジーは危険な運転をして車に接触してしまい，接触された車ははねとばされて，乗車していた二人が亡くなってしまいました。なぜ，このようなことが起きてしまったのでしょうか。原因はレジーの運転中の行動にありました。レジーは車を運転しているにもかかわらず，携帯電話を操作してメールのやりとりをしていました。そして，メールに気をとられるあまり，運転に集中していなかったのです。

　私たちには，注意という情報の選択機能があります。人は目に映るすべての情報を同じように処理しているわけではなく，注意を向けた情報を優先的に処理しています。スマホや携帯電話に注意を向けている時には，その他の情報を十分に処理することができません。レジーは携帯電話のメールに注意を割いていたために，車の運転をおろそかにしてしまいました。

　運転中や歩行中にはスマホや携帯を操作しないよう，強い意志を持たねばなりません。しかし多くの人は，新しいメッセージが届いていないか，なにか新

着通知が来ていないかと気になってしまうでしょう。どうして私たちはスマホのようなテクノロジーに，こんなにも引きつけられてしまうのでしょう。神経科学の研究では，人が自らの情報を公開する時に，脳の中にある報酬系と呼ばれるシステムが活性化することが示唆されています（Tamir & Mitchell, 2012）。報酬系が活性化してドーパミンという化学物質が放出されると，人は「快」を感じます。自分の考えを表明して自己開示をすることは，食べ物や金銭を得ることと同じように，私たちに「快」を感じさせる報酬であるといえそうです。スマホのようなデバイスを使って，メールやSNSでコミュニケーションをすることもまた，脳の報酬系を活性化させるのかもしれません。

　また，『神経ハイジャック』には次のような記述があります。「価値ある情報の獲得—それがテクノロジーの大きな魅力のひとつになっているようだ」。実は，私たちがスマホで受けとる情報の多くは，とくに役に立たないジャンクなものばかりです。SNSで得られる情報も，ほとんどはとるにたらないものばかりではないでしょうか。その中にときたま面白いものや重要な情報が混ざっている—これが私たちを引きつける原因の一つではないかとこの本では考察しています。ときどききらりと光る「当たり」の情報が来るけれども，それがいつ来るのかはわかりません。だからこそ，人は絶えず情報をチェックしたくなってしまうのかもしれません。しかし，すでに述べたとおり，私たちが「な

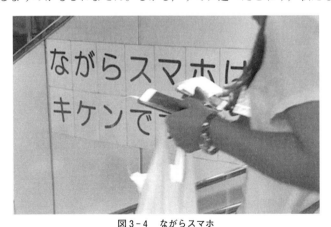

図3-4　ながらスマホ
「ながらスマホ」への警告は街中でよく見られますが，スマホに注意を奪われているとそもそも警告に気がつくことができません。

がらスマホ」をする時にはスマホ以外の情報処理がおろそかになってしまいます。

　私たちは，テクノロジーに注意を奪われないようにすることを考えるべき時期にいると思います。運転中や仕事中にスマホの電源を切って，自分から見えないところに置いておくのは「ながらスマホ」を防ぐ効果があります。また，テクノロジーに奪われた注意は，テクノロジーで取りもどす道があるかもしれません。例えば，運転中にスマホを操作していたら警告が出る仕組みや，ドライバーの注意をフロントガラスに向けさせる仕組み，集中を助ける仕組みなどをつくることができると思います。自動運転の技術が発達すれば，そもそも人間が注意を維持し続けなくても安全に走行できるようになるでしょう。このように，安全な状況をつくる技術の開発が今後大切になってくるはずです。

＊　　　＊　　　＊

古見「スマホやSNSの発達でコミュニケーションに常に晒され続けるようになっていますね。例えば運転中に電話がかかってきても内容まではわかりませんが，SNSでは内容をすぐ確認できます。複数人でのやりとりであれば未読が積み重なる前に自分もコミュニケーションに参加しなければ！となってしまうのかもしれませんね」

樋口「私の場合ですが，とくにオンラインのコミュニケーションでは，できるだけ早くやりとりに返事をしたくなってしまいます。仲間との会話に参加することや情報を共有することの価値は，時間の経過とともに低下するのかもしれません。ある研究では，実験の参加者に次のような質問をすることで，情報の持つ価値の低下を検討しています。「あなたの大切な人からメールが届きました。すぐに返信をするとわずかな金額（たとえば5ドル）しかもらえませんが，一定の時間待ってから返信をするとより大きな金額（たとえば100ドル）をもらうことができます。返信を待ちますか，待ちませんか？」。この質問で「返信を5分待てばいくら」，「30分待てばいくら」，というように時間と金額を変えていき，返信を待つか待たないかを参加者に答えてもらいます。すると，参加者の回答から，情報（メールを返信すること）の価値が時間とともにどの

くらい低下するのかを推定することができます。その結果，情報の価値は10分で25%下がり，5時間で半減することが明らかになりました（Atchley & Warden, 2012）。このような情報の価値の低下は，お金の価値の低下と比べても早く（例えば，100ドルの価値は12日経過で25%低下するようです），私たちは早くメールの返信をしなければと感じやすいことが示唆されています。古見先生のいうような「SNSで複数人の未読が積み重なる」というような状況にも，この研究結果があてはまるのかもしれません。「情報には鮮度がある」と見ることもできそうです」

小山内「情報を発信したり得たりすることが私たちを引きつけるとすれば，もう人類から情報テクノロジーを奪うことはできないかもしれませんね。とはいえ，最近の研究では，情報端末で他者とつながっていることがストレスとなる「SNS疲れ」という現象もあるそうです。注意と疲れとのせめぎあいにどう付き合えばいいのかということも，テクノロジーの開発と同時に大切な気がします」

樋口「「SNS疲れ」に至る前に自分でSNSから距離をとることができれば良いのでしょうが，すでに述べたように情報を共有することが人間にとって報酬となり得ること，情報の価値が時間の経過とともに急激に低下していくことなどが原因で，SNSやメールのようなオンラインのコミュニケーションから離れることが難しいのかもしれません。SNSやメールの使用を自主的に制限するということも，そう簡単にできるものではなさそうです。「SNS疲れ」は他の様々なストレスのように日常生活に影響を及ぼすと考えられます。気がついた時には疲れきっていることにならないように，SNSから感じているストレスを定量化し，自分で疲れに気がつけるような仕組みがあるといいですね」

津田「ながら運転が危険なことは百も承知で，にもかかわらず「わかっちゃいるけどやめられない」ことにこの問題の難しさがありますね。リスクを過小評価してしまう人間の本性は簡単には変えられない。機械が警告を出してくれると便利かもしれませんが，そのようなわずらわしい機能はOFFにしちゃう

のが人間だと思いますし，なかなかどうしようもないものを感じます」

　樋口「「わかっちゃいるけどやめられない」を念頭にしたデザインも開発されているようです。米国ユタ州のユタバレー大学では，「歩きスマホ」専用のレーン（texting lane）を設置したそうです。「歩きスマホ」を禁止するのではなく，その人たちが通る道をあらかじめ用意してしまうことで，危険を最小限にしようという発想です。しかし，「歩きスマホ」よりもさらに危険な「ながら運転」は，レーンを分けて許容できるものではありません。「ながら運転」を防ぐためには，煩わしくない警告の開発も重要ですが，なかば強制的にでもドライバーにスマホ操作をやめてもらう工夫が必要かもしれません。「ながら運転」を法律で規制するという動きもあります。携帯電話などを操作して交通の危険を生じさせた場合の罰則は，2019年2月現在では「3ヶ月以下の懲役または5万円以下の罰金」ですが，今後罰則が強化され，「1年以下の懲役または30万円以下の罰金」に引き上げられる見込みです。津田先生のいうように「どうしようもない」部分はありますが，人の性質を理解し，様々なアプローチによって安全な社会を実現することが大切です」

学習心理学

1．心理学における「学習」

「学習」と聞くとどんなイメージが浮かぶでしょうか。一般には「学習塾」「生涯学習」のように，学校や職場，習い事などで自分から知識や能力を身につけようとすることがイメージされるのではないかと思います。心理学では，「学習」は個人の経験の結果として起こる変容の過程を指す語として，もっと広い意味で捉えられています（Mazur, 2006 磯・坂上・川合訳 2008）。この章では，広い意味での学習に関する心理学の様々なトピックを紹介します。

2．条件づけ

学習の基本的な原理としてよく知られているものに，**レスポンデント条件づけ（古典的条件づけ）** と **オペラント条件づけ（道具的条件づけ）** と呼ばれる2つの条件づけがあります。レスポンデント条件づけは，特定の反応を引き起こす刺激と，別の刺激を組み合わせて提示すること（対提示）により，その反応が組み合わせて提示した別の刺激によっても誘発されるようになることを指します。レスポンデント条件づけの研究例としては，生理学者パブロフの実験がよく知られています（Pavlov, 1927 林訳 1937）。彼は，犬に餌とメトロノームの音を対提示することで，餌を目にしなくても，メトロノームの音を聞くだけで唾液が出るようになることを示しました。また，ワトソンらの研究ではアルバートという乳児を対象に，白ネズミと大きな金属音とを対提示することにより，金属音がなくても，白ネズミを見るだけで恐怖反応を生じるようになることが示されました（Watson & Rayner, 1920）。ワトソンらの実験結果は，恐怖

症のような心の問題が生じる過程についても，条件づけによって説明できる部分があることを示唆しています。

　オペラント条件づけは，特定の状況で自発された行動の結果を操作することによって，その状況での行動の生起頻度を変化させることを指します。オペラント条件づけは，ソーンダイクによる，問題箱を使った猫の実験がよく知られています（Thorndike, 1898）。問題箱は特定の手順で操作をしなければ箱が開かないようにできています。問題箱に入れられた猫は，様々に試行錯誤をして，やがて箱を開く行動（「紐をひく」など）に至ります。ソーンダイクは，問題箱を出ると餌を得られるようにしておくと，問題箱に入れられた時に箱を開くための行動の生起頻度が増加し，素早く箱から出られるようになることを示しました。スキナーらが行った，餌を使ってハトやラットのキー押し行動を学習させる実験などもよく知られています（Skinner, 1938）。

　ソーンダイクやスキナーの実験のように，環境の変化（餌を与える）によって行動の生起頻度を増加させることは**強化**と呼ばれています。一方で，電気ショックを与えたり，嫌悪感情を喚起させたりすることは行動の生起頻度を減少させることがあります。環境の変化によって行動の生起頻度を減少させることは**罰**（あるいは弱化）と呼ばれています。罰による行動の生起頻度の減少は一時的なものであったり，抑うつ等を引き起こすこともあったりするため，臨床や教育などの実践場面ではあまり推奨されていません（島宗ら，2015）。

　さて，2つの条件づけの過程では，個体にはどのような変化が起きているのでしょうか。先に出てきたワトソンは心について調べるには環境中の刺激と反応（行動）との関係のみを調べるべきであるとする**行動主義**と呼ばれる立場をとっていました（Watson, 1930 安田訳 1980）。条件づけについても「メトロノーム－唾液分泌」「紐－ひく」といった刺激と反応の結びつきが形成されていると考えられていました。しかし後の実験からは，学習の結果が必ずしも行動には現れないことも示されています。例えばトールマンらはネズミに迷路を解かせる課題を使った巧みな実験手続きにより，「素早く正確にゴールに到達する」という行動の変化が見られない間にも，ネズミが迷路の構造を頭の中に地図を描くような形で学習していた可能性を示す結果を報告しました（Tolman & Honzik, 1930）。こうした結果が多く報告されるようになると，条件づけは

刺激と行動の結びつきだけですべてを説明することはできず，刺激とその後に起こる事柄の予期との間の結びつきのような認知的な要素に着目する必要があると考える研究者も増えていきました。

3．動機づけ

　学習が必ずしも行動と結びついていないのであれば，学習された行動はいつ，どのように生じるのでしょうか。行動が，なぜ，どのように生じるのかは，**動機づけ**の問題として取り組まれてきました。ハルは**動因**という概念に着目し，行動が起きる理由は習慣強度×動因×誘因の式で説明できるという仮説を立てました（Hull, 1951）。習慣強度はオペラント条件づけなどで形成される刺激と反応の結びつきの強さです。動因は飢えや渇きといった生理的な欠乏による不快な心理状態です。誘因は行動をとることによってどのくらい動因が低減されるかという期待です。これらの乗算であるということはつまり，ある状況でどんな行動をとるかが学習されていても，解消したい不快な状態にあって行動する価値があると感じており，その行動によって解消されるという期待がなければ，行動には移さないという考えが読みとれます。期待と価値を重視する考え方は，認知的視点を持った数々の動機づけ理論にも影響を与えています（宮本・奈須，1995; 鹿毛，2013）。

　しかし後の研究からは，必ずしも生理的な欠乏のみが行動を動機づけているのではないこともわかってきました。例えばハーロウは十分に飲食を与えて生理的には満たされたサルに毎日パズルを与え続けると，次第にサルはパズルを解くことに熟達していったことを報告しています（Harlow, 1950）。マギル大学では，人を対象に，生理的には満たされつつも，五感を制限されて環境からの刺激を得られないような状態に置かれる感覚遮断実験が行われました。感覚遮断実験の参加者の多くは正常な状態を保つことができず，高額の謝礼にもかかわらず途中で実験の参加を取りやめたことが報告されています（Bexton et al., 1954）。こうした研究の流れを受け，ホワイトは**コンピテンス**という概念を使って動機づけを説明することを試みました（White, 1959）。コンピテンスは生物が環境と効果的に相互交渉する能力の総称です。ホワイトは，刺激・情報

を得て知識を広げることや，環境に働きかける能力に熟達することなどは，コンピテンスの欲求に基づいて動機づけられた行動であると考えました。

コンピテンスの概念をもとに，動機づけは**内発的動機づけ**と**外発的動機づけ**の2つに分けて捉えられるようになりました（Murray, 1964 八木訳 1966）。内発的動機づけは，刺激・活動を求め，知識の獲得・技能の習熟といった熟達志向性を持ち，行為自体から得られる快に動機づけられている状態を指します。他方の外発的動機づけは，活動との関係が固有でない，活動外の報酬獲得や罰回避に動機づけられている状態を指します。例えば，同じ「本を読んで勉強する」という行動でも，「知識が得られるのが楽しいから」と感じているなら内発的に動機づけられていると考えられますが，「学校の宿題で読まないと怒られるから」と考えているなら外発的に動機づけられていると考えられます。内発的動機づけの概念は，ただ生存のために欠乏しているものを補うために行動しているだけではなく，主体的・能動的に環境を理解・制御しようともしているという，生物観・人間観の転換にもつながっています。

4．社会的学習

学習は試行錯誤の末に至るものだけとは限りません。私たちは他者のふるまいを見て「どうすればうまくいくのか」「何が正しいのか」などを学習することも可能です。他者の観察や他者との相互作用の中で行動や習慣，知識，技能，あるいは価値観などを獲得する過程は**社会的学習**と呼ばれています。

社会的学習の基本は**模倣**（＝他者の行動をまねること）です。どうすればうまくいくのかわからない状況では，正しい方法を知っている人のやり方を観察・模倣して身につけることが有効なこともあります。人は他者の意図を汲んで模倣したり，手本とする人（モデル）がいなくなった後でその行動を再現したりと，他の動物と比べて複雑な模倣が可能です。こうした人の模倣能力は生後の早い段階から発達が始まります（明和, 2012）。模倣は私たちが他者の発話を聞きながら言語を獲得したり，他者の行動を観察して運動技能を獲得したりと，様々な物事の学習を支えています。

バンデューラは，人が模倣・観察により学習する過程を，**社会的学習理論**

（後に社会的認知理論へ）の中で注意・保持・運動再生・動機づけの4つの過程から捉えています（Bandura, 1977 原野監訳 1979）。モデルの行動に注目して特徴を抽出すると（注意），記憶の中に行動を表象として蓄えます（保持）。行動に移す時には，記憶の中に保持されていた表象と一致するように調整しながら身体運動を行います（運動再生）。学習した行動が生じるかどうかは，その行動により望ましい結果が得られる（or 望ましくない結果に至らない）と期待されるかに影響されます（動機づけ）。私たちは言語やイメージにより行動の表象を操作・統合できるため，ただ特定の人物の行動を模倣するだけでなく，複数の人物の行動を観察して共通している部分のみを抽出して模倣するようなことも可能だと考えられています。

　社会的学習は，その行動によって望ましい結果に至ることを，直接的に経験しなくても成立します。例えば，他者がある行動によって望ましい結果を得ていることを観察することで，その行動をとる頻度が増えることは，しばしば観察される現象です。また，自分がその行動をとった時に明確な結果が得られなくても，遠い将来の目標や社会的なルールを参照して，「今のは望ましい行動だった」と自分で認識することによって，その行動をとる頻度が増えていくことはあります。この仕組みは，遠い将来の大きな利益のために，目先の小さな利益を抑制（我慢）する**セルフコントロール**（Mischel, 2014 柴田訳 2015; 高橋，2017）の遂行とも深く関わっていると考えられています。

5．記憶と学習

　私たちの学習は**記憶**に支えられています。次に何が起きるかという予期や，何が得られるかという価値づけ・期待，観察した他者の行動を模倣して再現することなどは，まさに情報が時間を超えて保持・利用されるという記憶の働きそのものです。また，環境の変化や他者の行動を観察した時に，それらを要素に分解して理解できるのも，私たちが一定の知識を記憶として保持しており，利用できるためだといえます。

　記憶について，最初に科学的な手続きに基づいた研究を行ったのはエビングハウスといわれています（Ebbinghaus, 1885）。彼は単語として意味をなさな

いような言葉（無意味つづり単語；例，QAF, XIF）を作り，記憶と忘却についての多くの実験を行いました。その中で，反復の効果に関する実験も行われました。無意味つづり単語を学習した直後はその単語を暗唱することができますが，時間が経過するにつれて徐々に単語を思い出すことができなくなります。しかし，暗唱できるようになってからも反復して学習を続けると，時間が経つにつれて思い出せなくなる単語の数が少なくなったそうです。エビングハウスの実験により，反復経験が学習を促進することが実験によって確かめられたのです。

　エビングハウスは無意味つづり単語を使って実験を行っていましたが，意味のある事柄を記憶する際も，ただ反復して学習するだけで十分なのでしょうか。長期記憶のうち，言語や概念の知識に相当するものは，**意味記憶**と呼ばれています（Tulving, 1972）。意味記憶の構造についてはいくつかの仮説がありますが，個々の概念は意味的に関連のあるものがネットワークで結びついた形で保管されているという**ネットワークモデル**（Collins & Loftus, 1975）がよく参照されます。ある概念（例えば「鳥」）の情報が入力され，ネットワークモデルの中でその概念が活性化すると，その活性は意味的に関連のある概念（「羽」「スズメ」「動物」など）にも拡散して，利用しやすい状態になります。この概念の活性化は新しい未知の情報を理解・類推するために役立っています（アフリカオオコノハズクという鳥がいるらしい→「鳥」から「羽」に活性が拡散→羽を持っているだろう）。新しい概念を学習し，様々な場面で活用できるようにするには，その概念をすでに知っている概念と関係づけながらネットワークを更新していくことが重要だと考えられています（Marton & Säljö, 1984）。

6．もっと学習心理学を学ぶ

　この章では学習心理学の基本的な事項を紹介しました。十分には紹介しきれていないこともたくさんあるので，興味のある人は引用文献や，おすすめ図書などもぜひ読んでみてください。学習心理学の知見は心理学や神経科学などの他の分野の理論やモデルの構築にも貢献しています。学習心理学で明らかにされたことの中には行動選択の背後にある情報処理過程を推定する計算論モデリ

ングや，AI（人工知能）技術の開発につながっているものもあります（片平, 2018; Sutton & Barto, 1998 三上・皆川 訳 2000）。様々な分野で学習心理学の知見がどのように発展していったかを調べてみるのも面白いと思います。

さらに，学習心理学の研究は社会の様々な場面で応用されています。人がどう学習するかを知ることは，どんな教育が望ましいかを知ることにもつながるので，教育心理学とも深く関わっています（例えば，安藤, 2018; Committee on Developments in the Science of Learning, 2000 森・秋田監訳 2002）。悪い習慣（例：アルコール依存，暴力）や考え方（例：抑うつ的思考）がどのように学習されてしまうのかを知ることは，これらの心の問題を緩和するための臨床心理学の方法にもつながります（例えば，Layard & Clark, 2014 丹野監訳 2017）。私たちの身に起きる様々な変化は，望ましいものも望ましくないものも含めて，少なからずほとんどのことに学習が関わっています。学習心理学を学ぶことは，どうすれば人の行動や知識，考え方などを好ましい方向へと変えていけるのかを考えるために役立つことでしょう。

おすすめ図書

◎ 森　敏昭・岡　直樹・中條和光（2011）．学習心理学：理論と実践の統合をめざして　培風館

学習心理学の入門書です。学習に関わる重要なことがらについて，幅広くまとめられています。

◎ 小野浩一（2016）．行動の基礎―豊かな人間理解のために 改訂版　培風館

行動概念，およびレスポンデント条件づけ・オペラント条件づけについての体系的な理解に最適な一冊です。基礎的な事項について丁寧に説明されているだけでなく，発展的なトピックや行動分析学への応用と結びつけた解説も扱われています。

◎ McGaugh, J. L. (2003). *Memory and emotion.* London: Orion Publishing Group. （大石高生・久保田 競（監訳）（2006）．記憶と情動の脳科学―「忘れにくい記憶」の作られ方　講談社

主なテーマは（長期）記憶と情動の関係やその神経・生理基盤ですが，前半部では学習・記憶研究の重要な概念・理論や研究成果についても，研究史的な視点からまとめられています。心理学を専門としない方を読者と想定して書かれており，比較的読み進めやすい内容になっています。

心理学ニュース
「この学習法でうまくいく」その幻想はぶち壊せるか

　先日，世界中の様々な絵画を陶版画で再現した徳島県の某美術館に行ってきました。私は美術については素人なので詳しいことはよくわかりませんが，眺めていると「こういう色使いが好きなのかな」とか「この構図が描きやすいのかな」などと，画家ごとの描き方の特徴が見えてくるような気がします。このように物事の共通性を見出すことも学習の一種です。実際に画家ごとの描き方の特徴を学習するのであれば，次のどちらの方法が効果的でしょうか？
　A）同じ画家の描いた絵をまとめて見て学習する（集中学習）
　B）違う画家の描いた絵を交互に見て学習する（交互学習）
　あなたの答えは決まりましたか？　認知心理学者のビョークの研究室（Kornell & Bjork, 2008）で，実際に画家の学習をしてもらった実験参加者に尋ねたところ，60％以上の参加者がAの集中学習の方が効果的だと答えたそうです。しかし，実際に画家の描き方の特徴をどのくらい学習できていたかをテストすると，Bの交互学習で覚えた方がAの集中学習で覚えるよりも成績が良かったそうです。
　私たちが持っている学習の仕方についての認識が，必ずしも正しくないことは少なくありません（Brown et al., 2014 依田訳 2016; 村山，2015）。教科書の内容をひたすら反復して読んで理解しようとする人はよく見ますが，実際には自分の記憶をテストするように想起練習をした方が長く記憶に残ります。スポーツの練習で同じ動作を何度も集中して繰り返す人も多いですが，実際には休憩を入れたり他の練習を挟んだりと，分散させて練習した方が早く習得できるそうです。私たちが効果的だと思って実践している方法（繰り返し学習・集中学習など）は，学習・練習している時に上達している気分になり，すぐに効果が実感できます。一方で，実際に効果的な方法（テスト法・分散学習・交互学習）は，長期的には有効ですが，労力が必要でなかなか効果を実感しにくく，継続するのは大変です。この労力や大変さは学習のために乗り越えるべき「望ましい負荷」であるにもかかわらず，私たちはつい短期的に上達している気分

になれる方法を選んでしまうのです。

　それでは，どうすればそんな学習の仕方についての誤った認識を変えられるのでしょうか。冒頭で紹介した画家の描き方の特徴について集中・交互の2つの方法で学習する課題を使った実験が行われました（Yan et al., 2016）。課題中に何度か「今見た画家が描いた別の作品を見た時に，どのくらい正しく言い当てられそうですか」という質問をしたところ，はじめは集中学習で見た画家の方が高い確率で言い当てられそうだと見積もっていましたが，課題が進むにつれてだんだんと学習方法の差は小さくなりました（実験1A）。課題の最後にはついに逆転し，交互学習で見た画家の方が高い確率で言い当てられそうだと答えていました（実験1B）。しかし，どちらの方が学習に効果的かを尋ねると，前の実験と同じく，多くの参加者は集中学習の方が効果的だと答えていました。集中学習の成績が良かった参加者は「学習方法が良かった」と考えている一方，交互学習の成績が良かった参加者は「たまたま覚えた画家が簡単だった」と考えていたようでした（実験2）。「集中学習の方が効果的だ」という信念は結果の解釈を歪ませていて，経験だけでは変わらないくらい強固なようです。

　そこでビョークらは実験参加者を説得にかかります。「前に実験に参加した人の多くは集中学習の方がわかった気分になっていたが，実際には90％近くの参加者では交互学習で学んだ時の方が画家の違いに気づけるようになったために成績は良かった」と研究成果についての丁寧な説明を行いました。しかし，説明をしただけの場合も（実験3），実際の参加者自身の課題成績のフィードバックと組み合わせた場合も（実験4，5），説明を行わなかった場合よりも「交互学習の方が効果的だ」と答える参加者の数は増えましたが，過半数を超えるまでには至りませんでした。学習の差をはっきり実感できるよう，交互学習と集中学習をまったく別々に行うことにし，交互学習を先に行った参加者に結果のフィードバックをしつつ研究成果の説明をしたところ，ようやく「分散学習の方が効果的だ」と答える参加者の数が大多数の86％になったそうです（実験6）。

　学習に限らず，私たちはふだんから自分の経験や他者の観察を通じて，人の心の仕組みについての信念をつくりだしています。その信念は心理学が明らか

にしてきた心の仕組みとは必ずしも合致するとは限りません。信念に合わない経験をしてもそれは特殊な例だと考えてしまい，説明を受けてもなかなか変えられないものです。心の仕組みについては身近なものなので，ついよく知っているような気になってしまいますが，たまには振り返って「本当だろうか？」と考えてみることが大事ですね。

＊　　＊　　＊

　小山内「集中学習のほうが効果的だと信じてしまうのは何が原因なのでしょうか。一つのテーマを長く学習していると，学習しているという実感や満足感が持てるからでしょうか。不思議ですね」

　回答「理由の一つとして，「学習している最中には集中学習の方が，成績が高い」ことが考えられます。分散学習の効果は，時間をおいて思い出す時に発揮されるため，なかなか学習方略の効果としては実感が得られにくいようです」

　古見「日常経験を通じて自然と獲得される概念（素朴概念）はうまく説明できなくても感覚的には合っているように感じるものですね。例えば自分がテストで良い点をとった時に，偶然集中学習のようなことをしていたらその効果だと信じてしまいそうです。偶然なのかそうでないのかの見極めが重要ですね」

　回答「人は自分が正しいと思っていることを支持する証拠に注目しやすい「確証バイアス」を持っているといわれています。積極的に「もしかしてこの方法は間違っているのではないか」と批判的な態度を持って考えようとしないと，なかなか素朴概念は修正しにくいのかもしれません」

　津田「学習の手続き（集中か分散か）の他にも，得意な学習スタイル（言語・視覚・運動などどのようなタイプの情報を利用して学習すると最も学習効果が高いか）に個人差があるという説（教師にはそう思っている人が多い）も，主観と実際に乖離が見られる良い例ですね（学習スタイルを個人に合わせても

学習効果が上がるわけではないという説が最近は有力）。なぜ教育や学習の分野では，経験的に獲得された信念と実際の心の働きの間にこうも乖離が生じやすいのでしょうか？」

回答「個人的な推測にはなりますが，教育や学習は成績の差を生む要因が多く考えられるため，原因を学習方略の違いに帰属しにくいのではないかと思われます。論文中でも方略ではなく刺激の困難度に帰属していたと報告されていますが，日常生活でも成績が良い人は「頭が良い」と能力に帰属されがちな印象があります。他にも学習環境や学習時のコンディション（疲労など）など，いろいろな理由が考えられるために学習方略の影響は注目されづらいのかもしれません」

樋口「私たちは無意識のうちにもいろいろなことを学んでいると思います。とくに，例に挙がっている画家の描き方を見分けることなどは，あまり意識せずに獲得した知識に支えられている気がします。無意識の学習は，意識的な学習よりもかなり多くのことを覚えられるなど，頑張って覚えようとする学習とはちょっと違う性質を持つようです。今回紹介しているような学習方法の良し悪しは，無意識の学習にもあてはまるものなのでしょうか」

回答「推測ですが，無意識のうちに起きる学習の方が「分散学習の方が集中学習よりも効果的」という結果が得られやすいのでは，と考えられます。例えば，複雑な技能の場合には全体を集中して学習した後で，分散学習に移行するのが効果的だという結果もあります。これは，スポーツのように複雑な技能を獲得する際には，全体の構造や流れを一度意識できるようにした後で，意識した技能を無意識的に遂行できるように訓練していく必要があり（本文中，社会的認知理論の「保持→運動再生」の流れに相当），分散学習は前者の過程ではあまり効果を発揮できておらず，後者の過程でとくに効果を発揮しているためかもしれません」

5 言語心理学

　みなさんは自分がどのように言葉を覚えたか記憶にありますか。最近知った新しい言葉ならよく思い出せるかもしれませんが、使い慣れた言葉の多くはいつどこでどうやって覚えたのか忘れてしまうのが自然です。しかし、言葉をどう覚えたのかを改めて学ぶことは、自分自身がより上手に言葉を使い、さらに子どもや障害を持っている方の言葉の発達を支えるために役立ちます。本章では言語の習得の機序、つまり言葉を覚え使いこなしていく過程（プロセス）と仕組み（メカニズム）について概説します。

1．本章における言葉の定義

　さて改めて「言葉」とは何でしょうか。この問いには複数の答えが存在しますが、ここでは「何かを示すその何かではないもの」、すなわち**記号**の一種と定めます（田中，1999）。たとえば地図記号「〒」は、紙に印刷された円と直線の組み合わせであり、それ自体は建物でもなく手紙を出すこともできません。しかし、地図上で「〒」と示された場所に実際に行けば、本物の郵便局があります。この時、「〒」は郵便局を示す郵便局ではないもの、すなわち郵便局の記号です。同じように、「りんご」という文字あるいは音声は、それ自体は赤くも甘酸っぱくもないですが、りんごを示すりんごの記号だといえます。

2．乳児期の言語発達

　赤ちゃんが産声の後、生後1ヶ月程度の間に出す声といえば、泣きや叫びといった不快を示す本能的な発声が主ですが、生後2〜3ヶ月になると、お腹も減っておらずおしめも濡れていない落ち着いた時間などに、快感情を示す**クー**

イング（cooing）と呼ばれる，喉の奥から細く出すような「クー」「アウー」などの発声が見られるようになります。4〜6ヶ月頃は「**声遊び**」の時期と呼ばれ，赤ちゃんが一人で金切り声やうなり声，唇を震わせる音などを出して遊んでいるように見える時間が増えてきます。この時期に，自分の身体（口，唇，喉）や自分が出せる音を認識し始め，言葉の基礎をなす様々な音の種類を自然と学習していると考えられます。日本語でいえば「あいうえお」の母音やカ行の『k』，サ行の『s』などが具体的な例にあたります。話し言葉が個々の音の単位から成り立っていることを理解し，操作するための**音韻意識**（phonological awareness, 大石, 1997）と呼ばれる能力の獲得につながる大切な発達過程です。大いに声遊びをしてもらうことで言語発達が進みます。

　生後6ヶ月を過ぎる頃には，一定の音のバリエーションを出せるようになり，言葉の運動の側面が次第に成立してきます。この時期に**喃語**（babbling）と呼ばれる，言葉に非常に近いもののまだ意味を持たない発声が成立します。まず規準喃語（canonical babbling）と呼ばれる「まーまーまー」のように子音と母音を組み合わせた音を複数回リズミカルに反復する喃語，その後次第に「あむーぶー」のように異音節を組み合わせた喃語へと発達が進みます。そして1歳を過ぎる頃，初めての言葉，**初語**が生まれます。お母さんを呼ぶ「まんま」やご飯を指す「まんま」などが典型的な例で，この段階で初めて言葉に意味があるという感覚を持って，意識的に言葉を使うようになります。この点を強調する際には，初めての有意味語と表現する場合もあります。続いて1歳6ヶ月頃には，平均で1週間に約40語もの新しい言葉を覚え，爆発的に語彙が増える**語彙爆発**（word explosion; 内田, 2006）の時期を迎えます。その後も新しい言葉を覚え続け，小学校に上がる頃には簡単な日常会話や日常生活に必要な言葉が一通り揃います。

　なお，言葉の初期発達を考える際に重要な留意点が個人差です。上記では平均的な発達の時期を示していますが，言葉の発達は個人差が大きいので，紹介したとおりの時期に喃語や初語が見られないからといってすぐに過度に不安になる必要はありません。

3. 初期の言語発達を支えるもの

　初語の前段階で注目されている発達が**指さし**です。例えばお母さんが子どもを抱っこしながら，ほらあそこにくまさんのぬいぐるみがあるよ，と指さすような場面を想定してください。この時，くまのぬいぐるみの方に目を向けられるようになるのは9～10ヶ月頃からといわれています。それ以前には，目の前で一番目立つ動きをしているお母さんの指などをじっと見ますが，指の先のぬいぐるみに注意を向けることはまだ難しいのです。この指さしを理解するための能力が，言葉の発達と密接につながっていると考えられています。なぜなら，指さしは，何かを示すその何かではないものであり，言葉と同じ記号だといえるからです。言葉よりも早く現れる記号能力として現在のところ最も早いものがこの指さしの理解だと考えられます（正高，2001）。

　また，この指さしが理解できるようになることは，言葉の素となる経験としても重要で，しばしば二項関係から三項関係に発達が進んだといわれます。項とは項目，アイテムのことであり，それまでは〈自分〉と〈毛布〉，〈自分〉と〈お母さん〉のように2つのことまでしか同時に注意を向けられなかった子どもが，〈自分〉と〈お母さん〉と〈毛布〉という3つのことに同時に注目できるようになることを意味します。このように認識が広がると，子どもが母親などの他者と，何かに対して共同で注意を向けること，つまり**共同注意**（joint attention）が成立します。このように他者との関係の中で様々な対象と関わることを日常生活で何度も経験し積み重ねていくことで，言葉の素となる経験が質，量ともに増加し，初語につながっていくと考えられます。このように言葉を含む記号能力は初語以前から発達しており，この能力を高めることで言葉の発達もより促されると考えられます。

　また，語彙爆発の前段階で注目されているのが自発的な探索行動です。1歳に近づくにつれ，はいはいやつかまり立ちなどが可能になり，それまでは周囲の大人に抱っこされるなどして受動的に動いていた子どもは，自分の意志に基づいて自発的に動けるようになります。この時期の子どもを対象にした調査から，例えば抱っこされて受動的に移動した場合より，はいはいで自発的に動い

た場合の方が，隠されたおもちゃを見つける課題での正答率が高いことが確かめられており，自発的に行動する方が世界との理解が深くなることが示唆されています（江尻，2006）。このように自発的な探索行動によって世界との多様な関わりが可能になると，飛躍的に経験の質や量が向上し，その結果として語彙爆発が起こると考えられています。

4．幼児期の言語発達

(1) 文法のはじまり

初語は一語のみで構成された文，すなわち**一語文**であると考えられますが，語彙爆発を経た子どもは次第に複数の言葉で構成された文，すなわち多語文を話し始めます。まず最初に見られるのが「ぱぱ いっちゃった」のような**二語文**ですが，この時点で2つの言葉の順序という要素，すなわち**文法**[1]が備わり，一語文とは質的に異なる段階に進みます。周囲の大人の言葉を聞いているうちに，無意識のうちに文法を学習していると考えられていますが，不思議なことに多くの子どもたちはとくに苦もなく，この段階に進みます。この点について言語学者のチョムスキー（N. Chomsky）は，人間には普遍的な文法能力，すなわち**普遍文法**（universal grammar）が生まれつき備わっており，その働きで短期間のうちに自然と複雑な文法の習得が可能なのだと考えました。

さらに概ね2歳以降になると「わんわん いた おおきいね」など，三語以上の発話が増え，言語発達はより豊かな広がりを見せます。一方で，多様な言葉を覚えて使う中で，**言い間違い**も増えます。例えば「アイガト」のように子音rを省略してしまう発音の誤り，もらったと言うべき時に「オバアチャンニアゲタ」のように対義語が逆転してしまう意味の誤り，大きくないと言うべき時に「オオキイナイ」のように助詞との接続における音韻変化の誤りなどがあります。この時期の言い間違いは言語発達に必要な過程の一つといえます。あまりに正しい言葉遣いを気にして注意や訂正を過剰に行うと，言葉を話すこと

---

1 ここでいう文法は広い意味で語，句，文などの形態，機能，解釈やそれらの操作についての規則を指し（新村，1998），文の構造のルールである統語，語の構成のルールである形態，音の変化に関するルールである音韻が含まれます（中島ら，1999）。

自体を嫌がるようになり，言語発達が妨げられてしまう恐れもあります。

(2) 概念の発達

この時期の言語発達と並行して，重要な能力が発達していきます。その一つが**概念**（concept）の獲得です。私たちは道端で見た猫も，自分の家で飼っている猫も，TVで見た猫も，同じ「猫」という存在だと自然に理解することができます。これは私たちが「猫」の概念を持っているからです。もし私たちが「猫」の概念を持っていなければ，三種類の猫それぞれに別の名前をつけ，別のカテゴリの動物だと理解しなければいけません。概念を持つおかげで，限られた数の言葉で多くの対象を表現したり，多くの対象をまとめて認識したりすることができるのです。さらに，猫をひとまとめにして理解するだけではなく，犬やトラなどよく似た四足歩行の動物に命名をすることで区別をして認識することも可能になります。これを言語による**分節化**と呼びます。このようにして，私たちは言語に基づく複雑で高度な知識体系を作り上げていくのです。

5．児童期の言語発達

(1) 独り言と思考の内面化

幼児期の終わりから児童期のはじめにかけて，一時的に**独り言**が増え，そして消えていくことがしばしば観察されます。この時に思考の内面化が起きていると考えられます。子どもたちは，はじめ言葉を口に出しながらしか物事を考えることができません。独り言はまさにその表れと言えます。しかし成長に伴って，徐々に言葉を口に出さなくとも，心の中だけで考えることが可能になります。口に出して言う言葉を**外言**（external speech），心の内だけで口に出さない言葉を**内言**（internal speech）と呼びますが，児童期に内言を獲得した私たちは次第に内言中心に思考を行うようになっていきます。

(2) 書き言葉の発達

書き言葉を習得するためには，話し言葉の理解に加えて，音と文字の対応を理解すること，さらに文字を書くための手指の動作の十分な発達と，複数の要

因が必要になります。2018年現在の教育においては保育所・幼稚園および認定こども園では，文字に対する興味関心を育て（厚生労働省，2017; 文部科学省，2017; 内閣府，2017），本格的な習得は児童期以降，小学校に入ってからの国語の授業を中心にという形になっています（文部科学省，2015）。ここで留意したい内容の一つが，子どもたちにとって書き言葉の習得はしばしば苦しい作業でもあるという点です。子どもたちは，幼児期において家族や保育者といった援助的で親密な他者との関係の中で，話したいことを話していれば周囲が意を酌んでくれるという，ある意味では十分に満足していた**話し言葉**の段階から，小学校における国語という，より整った枠組みの中，教科書に沿った内容について，第三者にもわかるような一般的な形で話し，書くことを求められる段階に移ります。岡本（1985）は，この変化を**一次的言葉**（話し言葉のみ）から**二次的言葉**（書き言葉が加わり，話し言葉も影響を受けて変化する）への移行として論じ，子どもにとってはしばしば根気や労力を必要とする作業である点を指摘しています。書き言葉の獲得を支援する教員や家族は，この大変さを理解して，文字を書けた喜びを共有し，一般的な表現の意義を伝達して，子どもが書き言葉習得に前向きに取り組めるよう工夫することが望まれます。

　書き言葉の発達過程では，左右が逆転した鏡文字，文字を書いている時に自然とその文字の音を呟く，などの段階を経て，黙ったまま文字を書ける段階（silent writing）に進みます（内田，2003）。また，児童期を通して嘘やお世辞，謙遜，皮肉，比喩といった文字通りでない言葉の理解も進み始め，より複雑な言語表現を理解できるようになります（常深・田村，2012）。

6．青年期以降の言語発達

　青年期の顕著な言語発達として，**抽象概念**を中心とした高度な知識体系の獲得が挙げられます。知能発達について論じたピアジェ（J. Piaget）によれば12歳以降は，記号や数字のような抽象的な事物や，目の前の現実に反する物事，未経験の出来事などを頭の中に適切に思い浮かべ，処理すること，すなわち形式的（抽象的）な操作が可能になる時期です（無藤ら，2004）。例えば，児童期までは100円のケーキを10個と具体的な数字で行っていた計算に，a円の

ケーキをb個という文字式が新たに加わります。この回答をａｂ円とすることを理解するためには、抽象的思考が必要となります。こうした高度な抽象的概念の理解や操作は、それを表す言語の発達と密接に結びついているのです。

発達には様々な形がありますが、言語は**熟達**と呼ばれる発達の形を取ります（無藤・やまだ，1995）。熟達とは身長や筋力のように成人期を頂点に衰退に転じるのではなく、程度は弱まるものの壮年期、老年期と緩やかに伸び続ける発達の形です。すなわち、言葉は生涯にわたって成長し続ける能力といえます。実際に、作家や法律家、学者などの言語能力は成人期以降も伸び続け、壮年期、老年期に最も高い水準に至る例も多いといえます。

7．まとめに代えて

言語の初期発達において、親密な他者と一緒に何かに注意を向けることや好奇心に任せて自分の意志で探索をすることが言語発達に重要だったように、児童期、青年期の言語発達についても家族や友人、信頼のおける他者との言葉のやりとりを重ねること、自分の興味関心が向く活動の中で言葉を新たに理解し覚え、さらに言葉で表現していくことが重要です。そして成人期以降も言語能力は発達し続けます。書籍をはじめとする言語情報媒体に触れることも同様に言語発達を大いに助けるでしょう。

おすすめ図書

◎ **正高信男（2001）．子どもはことばをからだで覚える　中央公論新社**
やや専門的な内容も含みますが言葉の発達、特に一見独立しているように思える身体と言葉の関係について鋭く詳しく書かれています。

◎ **岡本夏木（1982）．子どもとことば　岩波書店**
用語など一部古くなってしまっている部分もありますが、言葉が持つ広がりを包括的に、かつ優しい視点で論じた良書です。また喃語から有意味語に至る実例も紹介されており、理解の助けになります。

心理学ニュース
活字離れは「何」離れ？

　読者のみなさんは日常的にどの程度「本」を読まれますか。大学生の活字離れが深刻だ、というニュースをここ数年、複数回目にしているように思います（例えば、全国大学生活協同組合連合会、2018）。こうした調査の場合、ケータイ小説（もう古い表現になってしまいました）やPC、スマートフォン、タブレットなどで読む電子書籍を含めるかどうか、という点も意見が分かれるようです。活字という言葉が活版印刷で使用される文字という原義どおりならば、電子的に表現された文字は含まれませんが、それでは手書きの詩集も活字から排除すべきでしょうか。豆文庫のように小さな活字の本もありますから、ガラパゴスケータイ（ガラケー）の画面の小ささも本質ではないように感じます。話が少し逸れたようにも思いますが、本と呼ばれるものがたくさんの形態を持っているということは表現できたのではないでしょうか。

　理想的にいえば、活字離れとして問題になっている内容は、活字に限らず文字を媒体にしたどのような情報に、どの程度の人が、どのように接しているかがわかれば明らかになるように思います。

　いやしかし、そこまで考えると文字だけに限定するのもおかしいかもしれません。文字を離れてTVや映画、演劇はどうでしょう。あるいは漫画、アニメ、ゲームなども読書体験とよく似た経験を私たちに提供してくれています。物語もエッセイもノンフィクションも、映画化、漫画化、アニメ化、舞台化されていますし、その逆の例も増えています。アニメや漫画を舞台化した場合にしばしば用いられる2.5次元という言葉はこの状況を象徴的に表しているようにも聞こえます。

　さて、このように情報の媒体だけ比べ続けても本質から離れてしまうでしょう。問題の本質は、媒体によらずその作品を視聴している際に心の中、頭の中でどのような処理が行われているかであり、そうした経験が積み重なって、その人が今どんな能力を持ち、どんな能力に欠けているか、という点ではないでしょうか。

本稿執筆時における先日，リーディングスキルテスト（RST, Arai et al., 2017）と呼ばれる読解力についての大規模調査の結果がニュースになっていました。ポイントはいわゆる算数国語理科社会といった学力テストの成績が良い学生でも必ずしも RST の得点は高くならなかったという点です。この理由について，一般的なテストの際，少なからぬ割合の学生が文章を読めておらず，単語を拾い読みして推測した内容で正答できているのではないか，という仮説が述べられています。これもテストの点数だけではなく，テストを解いている時の頭の中に注目しないと問題を見誤るという例だといえるでしょう。

　一昔前にはゲーム脳という言葉も注目されました。読書離れと直接つながるわけではありませんが，本も読まずにゲームばかり，という心配をしている保護者の方も少なからずおられるでしょう。すべてが否定されたわけではありませんが，その後ゲームによって一部の認知能力が伸びるという研究結果も出ています（e.g., Gozli et al., 2014; Shute et al., 2015）。

　個別のケースを見れば読書家のニートもいるでしょうし，ゲーム好きな社会人もたくさんいるでしょう。またどちらが偉いか幸せかも一概にはいえません。参考までにいえば，本稿を書いている筆者はゲーム好きといってよく，30 代の今もゲームを楽しみますが，一社会人としてほどほどに頑張って日々生活しており，とくに問題は感じません。仕事で PC とにらめっこし，帰っては TV を見て，ゲームをしていますが，視力も裸眼で 1.5 です。視力はまた別の話と思われるかもしれませんが，こうした遺伝の要因も含め，個別には無数の条件，要因，経験が集合し時間をかけて一個の人間を形づくります。

　活字離れが心配という調査はもちろん社会情勢の変化の記録でもあり，一般的な傾向の調査結果としても深い意味があり，こうした問題を考える良いきっかけになります。しかし，この結果をそのまま個人に適用し，本を読め，といってもおそらく問題は解決しませんし，調査をした方たちもそれは望んでいないと思います。個別のケースを考える際には，その人にとって本やスマホや TV，映画，演劇，漫画，アニメ，ゲームがどんな意味を持っているのか，活字以外も含め視聴した結果どのような学びがあったのか，あるいは気分転換になったのか，その他の活動とのバランスはどうか，他にストレスフルな出来事を抱えていないかどうかなど，できるだけ広い視野で考えた方が的を射た支援

ができるはずです。

　大学では今盛んに一方的な講義を控えて，学生からも発信があるような双方向の授業，アクティブラーニングなどを行うよう促されていますが，これも講義形式では見えにくい学生内部での学びを可視化しようとする試みだといえます。同じように，どのような媒体でどのような作品を視聴しているのであれ，その内部で起こっている現象に踏み込まない限り，それが心配すべき活字離れなのか，新しい時代の芸術あるいは学習なのか，適切な議論は難しいでしょう。

　さて，まずは日々の経験を振り返って，自分の活動の中で果たして何が起こっていたか，少し考えてみませんか。それを怠るならば，いくら活字を日々読んでいたとしてもひょっとすると活字離れ以上の深刻な問題に陥るかもしれません。人にいうばかりではなく，筆者も本稿を執筆し終わったら最近読んだ本，視聴したTVドラマ，映画，アニメ，プレイしたゲームは果たして自分にとってどんな経験だったか，改めて考えてみようと思います。

＊　　＊　　＊

　古見「例えば一つの題材に対して実写映画，アニメ，ゲーム，舞台などいろいろな表現方法でマルチ展開されているものがありますが，どの表現方法の作品に触れるかによって観客？への影響は異なるものなのでしょうか？」

　回答「表現方法による特徴というのは確実にあると思います。例えば，活字のみの小説はその表現内容をほぼ記号として間接的に表現しますが，ラジオドラマは音声を直接表現することができますし，映像作品はさらに視覚，聴覚情報を直接使用することができます。演劇にはさらにいわゆる臨場感も加わるでしょう。一方で，想像力が豊かな人にとっては，情報が直接的に明示されるほどに想像の余地を奪われているとも考えられます。表現方法の長所を把握して楽しむ，役立てるという視点が有用だといえそうです」

　津田「活字か演劇かテレビかといった入力媒体の違いではなく，それらを受容する際の心の働きを考えることが本質的であるという意見だと受け取りました。ですが，例えば「メディアはメッセージである」というマーシャル・マク

ルーハンによるメディア論のように，媒体自体が，それが伝える伝達内容とは無関係に，人々の思考や行動に本質的に作用するという見方もまたメディアの影響を論じる際には不可欠な考え方であるように思います。メディアの特性とそれを受容する際の内的過程の相互作用を総合的に捉えることが重要ではないでしょうか」

　回答「メディアと内的過程の相互作用を総合的に考えることに異存はまったくありません。メディア偏重への警句を発した結果が内的過程偏重にならないよう気をつけなければいけませんね。さて，サピアとウォーフの言語相対性理論で認識や思考が使用言語の影響を受けると論じられたように，マクルーハンのメディア論では，メディア自体が私たちの認識を変えると論じられていると理解しています。それがどのような内容なのか，TVに加えウェブやスマホといったメディアと，対応する内的過程，両方の分析を通して私たちの認識の現在を考える必要があると考えます」

　小山内「学力テストで成績が高くても読解力が高いとは限らない，というのは面白い結果ですね。瞬間的な判断が必要な仕事では，文章をじっくり読んで考えるよりも，単語だけから物事をぱっと推測するほうが有利かもしれません。読書をすることが他の活動よりも効果的で価値があるのだと妄信することは，良くないのかもしれないなと思いました」

　回答「読書習慣や読書量と学力が正相関しなかったことはショックだったと学力テストの関係者も語っていましたし，個人的にもやはりがっかりはしました。しかし，算数や理科の文章題などを例に，国語の力はすべての教科の基礎になると注目をされているのも事実ですし，直感的にはその考えを支持したいと思います。そこで，本をただ読んでいれば良いというものではないのだな，どのように読んだかを考えなければいけないなと感じたことが本稿を書いた動機の一つです」

　樋口「『自分の活動の中で何が起こっていたか，少し考えてみませんか』と

ありますが，私たちは具体的にどういうことを内省することができるでしょうか。また，きっと内省できないものもあると思うのですが（メディアから気がつかないうちに学んだものや，言語化できない知識が生活を豊かにするということがあるかもしれません），活動の中で無自覚に獲得したものを，私たちはどうやって評価することができるのでしょうか」

　回答「確かに明確にしていませんでした。無自覚に獲得したものまでを考えることができれば大変望ましいですが，無意識を意識することの難しさを考えると，まずはわかりやすく，増えた知識や物の考え方を意識するところから始めるのが良いのではないでしょうか。あの本を読んで，こういうことを知ることができたな，あのマンガからこういう考え方を受け取ったな，このゲームを通してこんな経験ができたな，と。また，そうした積み重ねが無自覚なものを意識するための訓練にもなるのではないかとも期待しています」

感情心理学

　私たちは毎日の生活の中で様々な感情を経験します。例えば，期末試験の前日に不安になったり試験が終わった後に喜びを感じたりということは，多くの人が経験したことがあるでしょう。感情心理学ではそれらの様々な感情をどのように分類するか，感情はどのようにして生起されるのかということについて研究が行われています。本章の第1節，第2節ではこれらの研究について概説します。また，感情はただ生じて消えていくわけではありません。期末試験に不安を感じたら机に向かう時間が長くなるというように，感情は人の行動や認知に影響します。このように感情がどのような機能を持つかという点も，感情心理学の重要な研究テーマです。本章の第3節ではその点について，感情と意思決定に関する研究を取り上げます。さらに，感情を制御することは生活のいろいろな場面で重要です。期末試験で良い成績をとるには，遊びに行きたいという欲望をぐっと我慢して机に向かうことが重要です。感情心理学ではうまく感情を制御する方法に関しても研究が行われており，第4節ではこのテーマに関する研究を概説します。

　私たちの感情反応は自分で認識できるものだけではありません。緊張しているときは心拍数が上がる，うれしい時は口角が自然に上がるなど，自分では認識できない末梢神経系（中枢神経系（脳・脊髄）を除いた神経系のことをいい，中枢神経系と内臓・筋肉との間の情報伝達を行っています）の反応も感情反応の一部分です。また，以下で詳しく説明しますが，感情の生起には中枢神経系の働き（主に脳の働き）も重要です。したがって，感情反応やそれを支える情報処理過程を測定するために，感情心理学の研究では脳や末梢神経系の活動といった生理学的な指標が用いられることもあります。本章で紹介する研究でも生理学的指標を使った研究が多いのですが，残念ながら本章のスペースではこれらの指標について詳しく説明できません。詳しくは本書の第8章や別の専門

書[1]を参照してください。

1．感情の分類

「感情」という言葉に似たものとして「情動」や「気分」といった言葉がありますが，これらは心理学では異なる用語として扱われています。情動は短期的に生じる強い主観的・身体的変化をいい，その変化が生じた原因が比較的明らかです。例えば，部屋の隅っこに虫が這っているのを見かけた場合，ゾッと背筋が凍るような変化が生じるでしょう。その変化は，その虫を退治したりその場から逃げるといった反応（闘争‐逃走反応; Cannon, 1932）を引き起こします。虫を退治できたり虫のいない部屋に逃げられたというように，情動を生起させた対象にうまく対処できるとその情動はおさまります。このような情動とは対照的に，気分は長期的に生じる弱い主観的・身体的変化を指します。読者のみなさんも「なんとなく今日は気分がのらない」といった日があると思いますが，情動の変化と異なり気分の変化はそれが生じた原因が比較的曖昧です。

怒り・驚きのような様々な感情の種類の分類法としては，**カテゴリ説**と**次元説**の2つが有力です。カテゴリ説では様々な感情を質の異なる個別のものとして扱います。エクマンら（Ekman et al., 1969; Ekman & Friesen, 1971）は複数の国の人々に表情の写真を見せ，その表情の示す感情を判断させました。その結果，いろいろな国に共通して，情動は怒り・嫌悪・悲しみ・驚き・喜び・恐怖の6つに大別されることを示しました。これらの情動はまとめて基本情動と呼ばれます。対照的に次元説では，感情は複数の次元の組み合わせにより連続的に表現されます。ラッセル（Russell, 1980）は，参加者に様々な感情を表す単語を意味の類似度にしたがって並べ替えてもらいました。その結果，様々な感情を不快‐快と覚醒度（覚醒‐眠気）という直交する2つの軸から描かれる円上に表現できることを示しました。円環モデルと呼ばれるこのモデルでは，嫌悪は不快な覚醒度の高い感情，満足は覚醒度の低い快な感情というように2

---

[1] 様々な生理指標の概要を知るには「堀　忠雄（2008）．生理心理学　培風館」，もっと専門的に学びたいという方には「Bear, M. F., Connors, B. W., & Paradiso, M. A. 加藤宏司・後藤　薫・藤井　聡・山崎良彦（訳）（2007）．神経科学―脳の探究―　西村書店」がおすすめです。

つの軸の高低の組み合わせから表現されます。カテゴリ説と次元説のどちらが正しいかという問題は，未だ議論が行われています。最近では神経科学の領域にも波及し，脳における情報処理方法の観点からも研究が行われています（Kragel & LaBar, 2015）。

2．感情の起源

　私たちは自身に生じた感情を意識することはできますが，工場で製品の作成過程を見るように，その感情が生じている過程を自分で意識することはできません。心理学では感情が生じるメカニズムについて様々な仮説が提唱され，論争が行われてきました。

　はじめに提唱された有力な仮説はジェームズ・ランゲ説と呼ばれるものです。仮説の名前は，同時期に同様の主張をしたジェームス（James, 1884）とランゲ（Lange, 1885）という2名の研究者の名前が由来です。この説では「泣くから悲しい」というように，感情が生じる起源は身体反応にあるとされています。感情の起源を末梢神経系に置くという意味で，この仮説は末梢起源説とも呼ばれます。具体的に，この仮説では末梢神経系の変化を中枢神経系（脳の皮質領域）が知覚することで感情が生じるとされています。

　やがて，後の研究でこの説と矛盾する研究結果が次々に報告されました。具体例を一つ挙げると，動物の末梢神経系と中枢神経系の連絡を遮断しても感情が残っていたという研究結果があります（Sherrington, 1899; Cannon et al., 1927）。末梢神経系から中枢神経系に送られる情報が感情生起に必須なのであれば，その連絡を遮断してしまうと情報が伝わらないため感情が生起しないはずです。これらの研究結果をもとに，キャノン（Cannon, 1927）やバード（Bard, 1928）といった研究者はこの説を批判しました。彼らはジェームズ・ランゲ説の代わりに，中枢神経系（とくに視床という脳領域）による情報処理が感情生起の中心であり，末梢神経系の反応はその感情生起と同時に生じるだけだという説を唱えました（キャノン・バード説）。この仮説は，ジェームズ・ランゲ説の「泣くから悲しい」と対照的に「悲しいから泣く」と表現できます。キャノン・バード説は，中枢神経系を感情の起源としているため中枢起

源説とも呼ばれます。

　これらの相反する2つの仮説ですが，後の研究で統合されることとなります。シャクターとシンガー（Schachter & Singer, 1962）の研究では，参加者に交感神経系活動を上昇させる薬物であるエピネフリンを投与した後に，幸福感または怒りを生起させるよう仕掛けを行いました。この研究の重要な点は，投薬の際に薬物が原因で身体反応（心拍数の増加など）が生じると正確な説明をされた条件（正知識条件），薬物による副作用はないとだけ説明された条件（無知識条件），偽の副作用を説明された条件（偽知識条件）を設けたという点です。実験の結果，正知識条件の参加者よりも，無知識条件・偽知識条件の参加者の方が誘導された感情を強く感じていました。正知識条件では身体反応が生じた理由が明らか（投薬）である一方で，他の条件ではその理由が曖昧であるため身体反応が生じた原因を誘導された感情に帰属したと考えられます。シャクターとシンガーはこの研究結果をもとに，感情の生起には末梢神経系の反応とそれに対してどのように「ラベル」をつけるかという2つのプロセスが関わっていると主張しました。これは，感情生起に末梢神経系の反応と中枢神経系による認知的処理の両方が重要であるという意味で**二要因説**と呼ばれています。これは，感情の起源を末梢神経系においたジェームズ・ランゲ説と，中枢神経系においたキャノン・バード説という相反する2つの仮説を発展的に統合した仮説といえるでしょう。

　感情生起のメカニズムに関して脳に焦点を当てた仮説も提唱されており，その代表的なものはルドゥー（LeDoux, 1998 松本ら訳 2003）が主張した**二経路説**です。この説によると，感情生起には2つの異なる神経回路が関わっています。1つ目は低次経路で，視床→扁桃体という脳領域間の神経連絡を指します。これらの神経ネットワークにより素早いけれども荒い情報処理が行われます。2つ目は，視床→感覚皮質→扁桃体という脳領域の神経連絡から構成される高次経路であり，低次経路を構成する2つの脳領域の間に感覚皮質による処理が介在していることがわかると思います。これらの神経ネットワークは，低次経路よりも時間がかかるものの詳細に刺激を処理します。二経路説では，感情の生起にあたり異なる時間間隔で複数の神経回路による並列的な情報処理が生じるとされています。低次経路では虫のような怖い対象を見つけたらすぐさま逃

げるといった素早い反応が促される一方で、高次経路では対象をしっかりと認知した上で感情評価が行われます。危険がすぐに迫っている状況下では低次経路、危険がどこに迫っているか不明確な状況下では様々な対象をじっくり判断する高次経路がそれぞれ有用であるというように、2つの経路が存在することで様々な状況に対応可能となります。

3. 感情と意思決定

　はじめに、この本を読む直前にみなさんが行った選択を振り返ってみてください。自動販売機から飲み物を買う時でも、食堂のメニューを選ぶ時でも構いません。複数ある選択肢から一つを選んだ時、なぜそれを選んだのでしょうか？　その理由として、商品が「好き」、「嫌い」などの感情を表す言葉が浮かぶと思います。このように感情が意思決定に関わることは明確ですが、私たちの直感よりもずっとこれらの関係は深いという研究結果が示されています。

　ソマティック・マーカー仮説（Damasio et al., 1996）によると、身体反応からの信号が意思決定に重要です。この仮説を支持する研究として、ギャンブル課題を用いた研究があります（Bechara et al., 1997）。この課題では、参加者は4つのカードデッキから1枚ずつカードを引き、それに書かれてある記号にしたがってお金がもらえたり没収されたりします。デッキにはほぼ毎回少額のお金がもらえる良い（報酬の期待値が高い）デッキと、ほぼ毎回お金が没収されるものの稀に多額のお金がもらえる悪い（報酬の期待値が低い）デッキがあります。良いデッキを選び続けるとたくさん報酬を持って帰ることができますが、参加者はどのデッキが良いデッキか事前に知らされていません。したがって、毎試行の結果からどれが良いデッキか推測する必要があります。何回も繰り返すうちに参加者は良いデッキを多く選ぶようになりますが、そのような選択の偏りが生じるよりも前に、悪いデッキからカードを引いた時の皮膚電位反応（指先の発汗反応—不安や恐怖を反映）が大きくなったことが示されました。この結果は、参加者が認識するよりも前に身体反応は良いデッキと悪いデッキを分類できていることを示しています。ソマティック・マーカー仮説では、この身体反応からの信号を頼りにデッキの良し悪しを判断できるようになるとさ

れています。

　この課題ですが，ものごとの価値の計算に重要である前頭前野の腹内側部[2]という脳領域や，ネガティブな感情の処理に重要である扁桃体を損傷した患者を対象とした研究も行われています（Bechara et al., 1997, 1999）。その結果，健常者のグループと比べてこれらの脳損傷患者のグループは，予期的な皮膚電位活動が低く，得られた報酬金額も少なかったことが示されています。これは予期的な末梢神経系の反応の生起やその反応を意思決定に反映させるために，これらの脳領域が重要であることを示唆しています。

4．感情の制御

　少し突飛ですが，「人々が感情のままに行動する」という世界を思い浮かべてみてください。2 人で話をしていてイラっとしたらすぐに相手を罵倒したり，仕事に飽きたらすぐに家に帰ってゲームで遊んだりと大変な世界になってしまうと思います。現実世界がこのようにならないのは人に感情を制御する能力が備わっているからです。

　感情制御の能力を測る課題の一つにマシュマロ課題があります（Mischel et al., 1989）。この課題は子どもが対象で，子どもの前にマシュマロを置いて実験者は実験室から退室します。この実験の重要な点は，退室する前に「帰ってくるまでマシュマロを食べるのを我慢できたらもう一つマシュマロをあげる」と約束をすることです。子どもたちはご褒美をもらうために目の前のマシュマロを食べたい欲求を我慢する必要があり，我慢できた子は感情制御能力が高いと評価されます。我慢に成功するには自己制御能力自体が高いことも大事ですが，マシュマロとは別のことを考えたりするなど感情を制御しやすいように工夫することで自己制御能力をカバーすることも大事です（Mischel, 2014 柴田訳 2015）。お菓子への誘惑を我慢できればダイエットが成功するように，今生じている感情や欲求を制御する能力は将来に良い結果を得るために重要です。ただし，感情制御能力が高い人がいつでも感情制御に成功するわけではありませ

　2　「腹側」とは 4 足歩行の動物のお腹側，「内側」とは正面から見て内側という意味です。

ん。生じた感情や欲求が強いと，それだけ感情制御が難しくなってしまいます。このように感情制御が成功するか否かは，感情の強さと制御能力の2つのバランスが重要だと考えられています（Heatherton & Wagner, 2011）。

　感情を制御する方法は様々ありますが，よく研究されているのが**認知的再評価**という方法です（Gross, 1998）。これは，対象に対する評価を望ましい方向に再度評価しなおすことで，感情を抑えたり高めたりする方法です。あなたは会社で先輩とペアを組んでいると想像してみてください。先輩はとても厳しくて毎日怒られてばかりです。怒られることは嫌なことですが，（先輩の意図はどうであれ）先輩があなたに成長してほしいという期待を込めて怒っていると考えなおすとどうでしょうか？　なんだか先輩の叱責も，あまり嫌だと思わずに受け止められるようになるのではないでしょうか。このような認知的再評価を行っている時には前頭前野の外側部という脳領域の活動が上昇し，その活動により扁桃体やポジティブな感情の処理に重要である線条体という脳領域の活動が制御され，それが主観的な感情の変化につながることが示されています（Wager et al., 2008）。これは，前頭前野外側部が感情のコア領域に対してトップダウン的に働きかけることで，感情のコントロールが行われることを示唆しています。

5．さいごに

　本章では感情の本質を問うような研究（第1節，第2節）から，感情と認知・行動との関係を扱った研究（第3節），生起された感情の制御にまつわる研究（第4節）など幅広く感情心理学の研究知見を概説しました。しかし，ここで取り上げられた研究知見は感情心理学という広い大海原のほんの一部であり，この学問領域にはまだまだ多くの研究テーマがあります。例えば感情と社会生活に関して，道徳的感情など自分と他者の社会的相互作用の中で生じる感情（大坪・小西，2015）や，他者への共感（日道，2016）などが研究されています。また，自分や他者の感情を理解したり制御したりする能力（情動コンピテンス）の測定方法の開発も行われています（野崎・子安，2015）。さらには，どのような遺伝子情報の違いが感情生起の個人差に影響するかといった研究も

あります（野村，2008）。

　私たちにとって感情はとても身近ですが，非常に複雑なプロセスを経て生起しており，様々な日常生活に影響を及ぼしています。そのような感情ですから，日々の至る場面でトラブルを起こす引き金にもなり得ます。人の感情について理解を深めることで，そういった状況に比較的スムーズに対応できるようになるかもしれません。

おすすめ図書

◎ 大平英樹（編）(2010)．感情心理学・入門　有斐閣
　本章で概説した感情の生理学的基盤や感情の機能だけではなく，感情に関する問題から生じる病理，感情が身体的な健康に及ぼす影響など，幅広く感情心理学の研究知見が概説されています。

心理学ニュース
他人を助けるとハッピーになれる？

　アンパンマンのような自分の危険を顧みず他人を助けるヒーローのお話は，見ていてなんだかハッピーな気持ちになりますよね。そんな人助けですが，どうやら人助けをされる側だけでなく，人助けをした側もハッピーな気持ちを感じるかもしれないという研究結果が報告されています。

　『Journal of Personality and Social Psychology』という雑誌に2013年に掲載された論文（Aknin et al., 2013）では，3つの研究から他者のためにお金を使うことで人は幸せになれる可能性があると報告されています。この研究ではまず，136カ国，総計約23万人を対象に調査を行い，貧富に関係なく他者のためにお金を使う人は幸福感が高いという結果が示されました。少し話がそれますが，これは結構すごいデータです。心理学の最先端の知見は，いわゆる欧米の先進国のものが多いんです。でも，人の心って社会環境によってつくられる部分も少なくないわけで，そういった国の知見だけでは人の心の全貌を理解することは難しいという批判があります（Henrich et al., 2010）。この研究は，すべての国ではないにせよ多くの国のデータを集めているわけなので，人助けによりハッピーになるというのは多くの社会に共通した人の特性だろうという主張には比較的納得させられます。

　さて，調査だけでは「他人のためにお金を使う」こと，「ハッピーになる」ということの2つの因果関係は不明確です。よって，この研究では調査に加えて2つの実験が行われました。これらの実験では，自分もしくは他人のためにお金を使う場面を思い出してもらったり，そのような場面を実際に経験してもらったりしました。その結果，自分のためにお金を使うより，他人のためにお金を使った方が幸福感やポジティブな感情が高まるという結果が示されました。この実験もカナダ・ウガンダ・インドという3ヶ国で行われましたが，国によって結果が変わるということはありませんでした。

　人助けというのは，よくよく考えると不思議なものです。人助けでは自分に損失（お金，時間，手間など）が生じていて，たいていその場で利益が返って

くることはないので収益は赤字です。つまり，人助けをするたびに自分は損をするのです。しかし，街を歩けば道を教えてあげたり，落とし物を拾ってあげたり，世の中は人助けで溢れています。「なぜ人は赤字になることを承知で人助けをするのか？」という問いに対しては，今もなお様々な学問で議論されています。この問いの答えを考えるために「人助けによる幸福感の上昇」が重要なカギとなるというアイディアが，この研究のスタート地点でした。ではなぜ人助けで幸福になるのかという疑問が湧いてきますが，それはこの研究からは説明できません。この疑問は後々の研究で明らかにされるべきだと思います。

さて，脳機能イメージング的手法を用いた研究でも，この研究と同じような結果が示されています（Park et al., 2017）。この研究では脳活動を測定する実験を行う前に，参加者にお金を渡して使ってもらいました。先ほど紹介した研究と同じように，参加者は自分のためにお金を使う条件と他人のためにお金を使う条件に分けられました。約1ヶ月後，脳機能イメージング装置を使った実験が行われました。装置の中で参加者は「他人に XXX 円あげて自分は YYY 円払う」という選択を見て，その選択を受け入れるか拒否するか意思決定を繰り返しました。呈示される選択は常に参加者がお金を払って相手が得をするので，選択の受け入れ率が高いと多く人助けをしたということになります。その結果，選択を受け入れた時の側頭頭頂接合部と線条体という脳領域の神経連絡が高いほど，選択を受け入れる割合が高いことが示されました。側頭頭頂接合部は自己中心的なものの見方を抑えること，線条体は喜びに関連している脳領域です。これらの神経連絡を考えると，自分が得をしたいという気持ちを抑えて相手のために行動することが喜びにつながるのではないかと思ってしまいます。これらの研究から，脳の情報処理という面からも他人を助けることで幸福になるという仮説が支持されたといえるでしょう。

人助けはストレス反応を抑えるといったことも示されており（Inagaki & Eisenberger, 2016），感情制御という観点からも良い効果がありそうです。しかし，人助けが常に幸福をもたらしてくれるかというと残念ながらそうではないと思います。実験場面で行われた人助けは，数回など短期的なものです。もし数ヶ月にわたって自分は周りの人をずっと助けているのにもかかわらず，誰も見返りをくれないと想像してみてください。最初の数回は人助けで幸福を感

じるかもしれませんが，やはり自分ばかり搾取され続けてしまうとそんな気持ちは湧いてこなくなりそうですよね．したがって，今後の研究では人助けにより幸福が感じられなくなる条件など，細かく人助けと幸福感の関係性を検討する必要があるでしょう．とはいえ，少額の募金などの小さな人助けは，不幸になるリスクが低く，他人も自分もちょっとだけ幸せになれる可能性は高いと思います．もし，モヤモヤっとして気分がすぐれないという場合には，周りの人に手を差し伸べたりすると良い気分になれるかもしれません．

*　　*　　*

古見「パクら（Park et al., 2017）では実験者が渡したお金を参加者が使ったということですよね？　もともと持っているお金を支払って助けても受け入れられるんでしょうか…？」

回答「論文では参加者が身銭を切る条件を設けていないので確かなことは言えませんが，そういった条件を設けた場合，参加者の利他性によって大きく結果が分かれる気がします．他者への思いやりが高い人は身銭を切ってもやっぱりハッピーになる一方で，思いやりが低い人は身銭を切ることで生じる損失の方に目が行ってしまってハッピーになりにくいかもしれません．研究倫理の面から参加者に身銭を切ってもらうという条件は設けにくいですが，どうにか工夫して検討すべき問題だと思います」

樋口「なぜ人助けで幸福になるのかはわからないと書いてありますが，やはり「なぜ」ということが気になります．この問題について，今どのような推測がされているのでしょうか」

回答「アクニンら（Aknin et al., 2013）の論文では進化心理学的な説明がされています．この研究では様々な文化圏で同じ結果が見られていますが，これはそれぞれの文化を超えたヒト一般に共通した要因がその背景にあることを示唆しており，その共通要因が「進化」というわけです．はるか昔において人助けはヒトが生存する上で重要な行動だったため，人助けに対する動機づけの高

さが現代を生きる私たちにも受け継がれたと考えられます。でも，これだけでは，「なぜ」という問いには明確に答えられていないですよね。ここからは単なる僕個人の想像にすぎないのですが，2つの概念がその背景に関与している気がします。1つは「互恵性」です（Trivers, 1971）。簡単にいうと，ヒトは誰かに助けてもらうと恩を返そうとします。したがって，誰かを助けるということは自分がいつかピンチになった時に誰かから助けてもらえる確率が上昇するということです。2つ目は「他者との感情の共有」です（Preston & de Waal, 2002）。笑っている他者を見た時に自分も楽しくなるというように，他者の感情状態をコピーするような心理機能のことです。この2つから，他者の喜びを自分の喜びに感じるような人は人助けをしやすい上に，その人がピンチになった時は他者から助けてもらえる確率が高いので生存確率が高くなったのではないでしょうか。したがって世代を経るごとに，人助けにより幸福になるという特性を人類は獲得したのかもしれません。改めていうとこれは僕個人の想像にすぎないので，今後の研究でしっかりと実証される必要があると思います」

　津田「利他行動によって自分自身も幸せを感じるという性質は，集団生活を成立させるために進化的に獲得された特性なのだろうと思います（なので人間だけでなく動物でも利他行動が見られる）。また，それは「道徳」という観念の成立とも深い関わりがあるように思います。道徳的行動という，一見すると思弁的かつ高度な人間的知性の発露であると思えるような現象も，実は感情を媒介とする，進化的に獲得された動物的性質であったという事実は，人間に対する見方を変えるものだなと思いました」

　回答「私も「道徳」といえば理知的なものであり感情とは対照的な概念だと思っていたのですが，道徳的判断には感情が強く影響している（Greene et al., 2001）という研究結果を知った時はとても驚きました。少し話はそれますが，ご質問で「動物的性質」という言葉が使われていますが，動物もいくらか道徳的な概念を有しているという知見が報告されています。例えば，サルは不平等な報酬の分配を受けると怒ってしまうため，サルには「平等」の概念があるこ

とが示唆されています（Brosnan & de Waal, 2003）。こういった研究は「人間を人間たらしめる特性はどこにあるのか」という問いに迫っているようで非常に興味深いです」

　小山内「人助けの研究では，募金など『お金をあげる』行動が課題として使われますよね。しかし，日常の小さな人助けは募金とは少し感覚が違う気がします。お金を媒介として使わないときにも，同じような結果になるのでしょうか」

　回答「確かに人助けに関する研究では，利他的行動を募金により測定することが多いですね。いろいろと理由があると思いますが，自分の損失と相手の利益を数値として計算しやすいからではないでしょうか？　お金に価値がないと思う人はいないですし，160円でペットボトルの飲み物が買えるというように参加者ごとにお金に対する価値の認識が全く異なるということもないと思うので。本題に入りますと，アクニンら（Aknin et al., 2013）の論文中では，ボランティア活動など様々な利他的行動と幸福感の間に正の関係性が示されているので（Piliavin & Siegl, 2007; Thoits & Hewitt, 2001），お金を媒介として使わない場合も同じような結果になるのではないかと考えているようです」

7 人格心理学

1. 人格（パーソナリティ）とは？

「あの人は，すごく社交的な性格だ」「妹は怒りっぽい性格なんだよね～」など，私たちは，日常場面で頻繁に人の特徴を「**性格**」という言葉で言い表します。一方で，本章のタイトルは「『**人格**』心理学」です。「性格」に比べると「人格」という言葉は普段の生活ではあまり使わないかもしれません。両者の違いは，どこにあるのでしょうか？

この2つの言葉の違いをまとめた図が，図7-1になります。まず，日本語の意味を比べてみると，「性格」には望ましく優れたというニュアンスが含まれない一方で，「人格」には「あの人は人格者だ」という文のように，望ましく優れたといったニュアンスが含まれます。さらに，この2つは，翻訳元の英単語が異なります。「性格」という言葉は，"character" の訳語として用いられる一方で，「人格」という言葉は，"personality" の訳語として用いられます。1920年代より，海外の心理学では "character" の代わりに，"personality" と

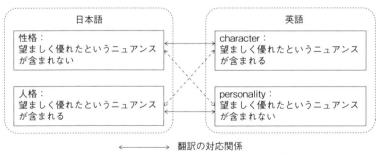

図7-1 「性格」と「人格」の違い

いう用語が用いられることが一般的になりました（小塩, 2014）。そこで, 本章のタイトルも personality を日本語訳して「人格心理学」となっています。

上の説明を見ると, 翻訳の対応関係としては「性格＝character」「人格＝personality」となります。しかし, 英単語の意味を見ると, 望ましいというニュアンスを持たないのは "personality", 望ましく優れたといったニュアンスが含まれるのは "character" であり, 日本語との対応関係がねじれてしまっています。つまり, 訳語と意味の対応関係が一致しておらず, この点は古くから問題視されてきました。

このような混乱を避けるため, 近年の日本の心理学研究では,「人格心理学」の代わりに「**パーソナリティ心理学**」という言葉がよく用いられます。代表的な例としては,「日本性格心理学会」という国内の心理学の学会が, 2003 年に「日本パーソナリティ心理学会」へと名称変更をしました。このような流れに従い, 本章でも, 比較的個人内で安定して見られる行動・思考・感情のパターンを指し示す用語として,「**パーソナリティ**」を用います。

2. 類 型 論

多様な人々のパーソナリティを理解する代表的な方法の一つが, グループ分けです。代表的な例としては, 日本人のみなさんに馴染みが深い, 血液型性格診断があります。例えば, A 型の人は几帳面, O 型の人は大雑把など, 血液型に基づいて人のパーソナリティを分類することで, 各人の特徴を理解しようとしているわけです（ただし, 血液型性格診断が, 本当に妥当かということについては, 科学的な心理学研究からは疑問が呈されています。興味がある方は, 小塩（2011）などを読んでみてください）。このように, 分類に基づいて人のパーソナリティを理解しようとするアプローチのことを「**類型論**」と呼びます。

類型論は古くからある考え方であり, 古代ギリシャ時代にも記録が残っているほどです。20 世紀に入り, 心理学が学問として確立された後も, 様々な分類が提案されてきました。例えば, ドイツの精神科医の**クレッチマー**は, 精神科の入院患者を観察する中で, 体格とパーソナリティの関連づけを行い, 表 7-1 の 3 つの類型を見出しました（Kretschmer, 1955 相場訳 1960）。

表7-1　クレッチマーの類型論（Kretschmer, 1955 相場訳 1960 をもとに筆者作成）

類型	性格	精神疾患との関連
細長型	内気・真面目・臆病・従順	統合失調症患者に多い
闘士型	物事に執着する・秩序を好む・融通が利かない	てんかん患者に多い
肥満型	社交的・善良・明るい・ユーモアがある	躁鬱病患者に多い

　また，フロイトの弟子としても有名な**ユング**は，心理的エネルギーが内に向かいやすいか，それとも外に向かいやすいかという観点から，パーソナリティを「内向型」と「外向型」に分類しました（Jung, 1921 吉村訳 2012）。「内向型」の人は，自己に関心が集まりやすく，感情の表出は控えめで，人に従うことが多く，少数の人と深く付き合うといった特徴を持ちます。それに対して「外向型」の人は，外部に対して心が開かれていて，他者から影響を受けやすく，広い範囲の人と交流するといった特徴を持ちます。この分類は，後に見ていく，特性論のパーソナリティ理論にも引き継がれていくものになっています。

　類型論は，多様なパーソナリティを少数のカテゴリに分けるため，理解しやすく，私たちの直感に一致しやすいという長所があります。その一方で，ある人の特徴がぴったり特定の類型にあてはまることは稀であり，多くの人にとっては，複数の類型の中間型や混合型が，その人のパーソナリティを一番よく言い表すということになります。このような批判を受けて，現在では類型論に基づくパーソナリティ分類よりも，次に見ていく「特性論」の考え方に基づき，心理学研究が行われることが多くなっています。

3. 特性論

　みなさんの中には，普段，テレビゲームやスマホゲームを楽しんでいる人も多いでしょう。ロールプレイングゲームや対戦型のゲームでは，「アタッカー（攻撃役）」「ディフェンダー（防御役）」「ヒーラー（回復役）」など，キャラクターの特徴に応じてカテゴリ分けがされており，各キャラクターの特徴を活かしながら，対戦を行っていくものがあります。一方，「攻撃」「防御」「素早さ」「体力」「魔力」などのパラメーターを，各キャラクターが持っており，そのパラメーターの数字の大きさに応じて，キャラクターの特徴が決まる仕様のゲー

ムもあります。前者のゲームのように，各人の特徴を少数のカテゴリに分けてパーソナリティを理解しようとするアプローチが「類型論」でした。それに対して，後者のゲームのように，各人の特徴をいくつかのパラメーターの数字の大小の組み合わせで表すことで，パーソナリティを理解しようとするアプローチが「**特性論**」です。特性論では各パラメーターは連続変数で表現されるため，類型論よりもきめ細かく個人のパーソナリティを表現することが可能になります。

　ゲームでは，キャラクターの特徴を決定する際に，先に例として挙げた「攻撃」「防御」「素早さ」「体力」「魔力」などのパラメーターが広く用いられています。では，パーソナリティの場合は，どのような種類のパラメーターを設定すれば良いのでしょうか？　この問いに答えるため，心理学研究では，辞書に掲載されている単語を網羅的に拾い上げ，分析を行うことで，パーソナリティ分類の基本的な軸となるパラメーターの種類を見出そうとしてきました。このようなアプローチに基づく研究を「**心理辞書的研究**」と呼びます。

　20世紀には，数多くの心理辞書的研究が行われました。そして，研究が積み重ねられていく中で，多くの研究に共通する要素として，パーソナリティは「外向性」「情緒安定性」「開放性」「調和性」「誠実性」という5つのパラメーター（因子）で表現することが可能であるということが見出されてきました。各因子の高い人および低い人の特徴を，表7-2に載せています。この理論は，

表7-2　ビッグ・ファイブの各5因子の特徴

類型	高い人の特徴	低い人の特徴
外向性	社交的，活動的，おしゃべり，快活，刺激的なことが好き	一人でいることを好む，よそよそしくて無口，引っ込み思案
情緒安定性	精神的に安定している，ストレスの多い状況にも慌てず対処できる（「神経症傾向」が低いとも呼ばれる）	すぐにイライラする，非現実的な思考を行いがち，ストレスへの対処が下手（「神経症傾向」が高いとも呼ばれる）
開放性	芸術や美術に理解がある，感受性が強い，知的好奇心が強い，創造力が高い	行動において保守的，新奇なものより馴染んだものを好む
調和性	やさしい，利他的，思いやりがある	自己中心的，他者に対して懐疑的，競争的
誠実性	目的を持ち意思が強い，きちんとしている，時間を守る	だらしなく遅刻しがち，気力がなく時には怠け者

「ビッグ・ファイブ (Goldberg, 1990)」や「5因子モデル (McCrae & Costa, 1987)」と呼ばれており，現在の心理学研究でも，広く採用されているモデルになります。

4．社会的認知理論と最近のパーソナリティ研究の動向

ここまで取り扱ってきた「類型論」や「特性論」では，ある人が置かれた状況の違いをあまり考慮せずに，状況を超えて一貫して見られる行動・思考・感情のパターンに着目してきました。しかし，仕事では真面目で誠実な人でも，友人に対しては約束をあまり守らないなど，同じ人であっても，状況に応じて異なるパーソナリティの特徴を示すことは，しばしばあります。スタンフォード大学の心理学者の**ミシェル**は，テストによって測定されるパーソナリティ得点は，実際の行動のばらつきのうち9％程度しか説明できない（相関係数という統計的指標で 0.30 程度）ことを指摘し，類型論や特性論的な考え方の有用性に対して強く疑問を呈しました（Mischel, 1968 詫摩監訳 1992）。

ミシェルらは，パーソナリティと状況が相互作用しながら行動に及ぼす影響を考える際に，ある状況とその状況における行動の組み合わせに着目しました。これを「**if-then パターン**」と呼びます。すなわち，「もし仕事場だったら (if〜)，その時は約束を守って真面目に働く (then〜)」「もし友人が相手だったら (if〜)，その時は平気で約束をやぶれる (then〜)」といったことです。このような「if-then パターン」に個人差が見られるために，パーソナリティの個人差が見られると同時に，初めに入力される状況（if〜の部分）が異なるために，状況間での行動の違いが見られるということを想定しました。このような個人が外的状況と相互作用する際の動的な心的メカニズムとその個人差の解明を目指すアプローチを，類型論や特性論に対して，「**社会的認知理論**」と呼びます。

ミシェルらのパーソナリティの特性論的な見方に対する批判は，実際の行動は「人（パーソナリティ）」によって一貫して説明できるのか，それとも「状況」の影響を強く受けるのか，という「**人ー状況論争**」を生み出しました。その後，研究が積み重ねられていく中で，現在では2つの立場を統合した理論モ

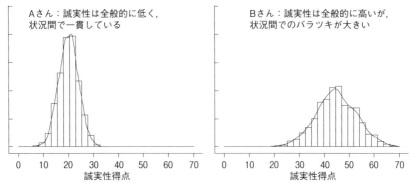

図7-2　密度関数によるパーソナリティの表現 (Fleeson & Gallagher, 2009 をもとに筆者作成)

デルや測定方法が提案されてきています。例えば，フリーソンらは，経験サンプリングと呼ばれる，日常生活を送っている調査参加者に対して，一日数回×1～2週間にわたりEメールを送り，携帯電話やスマートフォンでWeb上の調査ページにアクセスして回答を求める方法を用いてパーソナリティの測定を試みました（Fleeson & Gallagher, 2009）。具体的には，参加者はメールを受け取るたびに，「ここ30分の間に，どれだけ一生懸命物事に取り組みましたか？（誠実性を測定する項目）」など，ビッグ・ファイブの各特徴を表す行動を，直前にどの程度行っていたかを回答しました。このような測定方法を用いると，参加者の各時点でのビッグ・ファイブ得点を繰り返し測定することができ，その得点をもとに，図7-2で表したような得点の分布図を描くことができます。この分布の中心位置やばらつきの大きさを見れば，各人のパーソナリティの平均的な特徴と，状況間で行動が一貫している程度の両方を表現することが可能になります（Fleeson & Jayawickreme, 2015）。このような，「人-状況論争」を超えた新たなパーソナリティの測定方法や理論を生み出そうとする試みは，現在研究が盛んに行われている分野であり，今後の発展が期待されます。

5．まとめ

本章では，これまでの心理学研究で提案されてきたパーソナリティの理論を

紹介しました。様々な理論を紹介してきましたが，これらは人の多様な個性をどのように捉えるとよいか？という問いに答えるものであり，異なる側面からパーソナリティを捉えたものであるといえます。とくに臨床場面においては，関わる相手のパーソナリティを十分に把握した上で，適切な関わり方を決定していく必要があります。研究知見に裏付けられたパーソナリティの理論は，個々人の特性を体系立てて理解していく上で，必要不可欠なものであるといえるでしょう。

おすすめ図書

◎ 小塩真司（2010）．はじめて学ぶパーソナリティ心理学―個性をめぐる冒険― ミネルヴァ書房

　人格心理学の基本的な理論について，平易な言葉で解説されています。妥当性と信頼性など，パーソナリティ測定における基本的な知識も網羅されています。

心理学ニュース
パーソナリティは心理的介入を通じて変わるのでしょうか？

　日本では，古くから，「三つ子の魂百まで」ということわざがあるように，小さい頃のパーソナリティは，年を取っても変わらないと考えられてきました。また，これは日本に限った話ではなく，英語にも「What is learned in the cradle is carried to the grave（ゆりかごで覚えたものは，墓場まで運ばれる）」ということわざがあり，世界の各地で見られる考えのようです。

　直感的にはなんとなく納得できるようにも思うのですが，果たして，小さい頃のパーソナリティは，本当にその後の人生で変わらないものなのでしょうか？　ロバートらは，パーソナリティの変化に影響を与え得る要因として「心理的介入」に着目し，分析結果をまとめた論文を2017年に発表しました（Roberts et al., 2017）。心理的介入とは，不安や抑うつに対する心理療法や，社会的スキルのトレーニングのようなプログラムのことを指します。これらの研究は，パーソナリティを変えることが主な関心ではありませんでしたが，数多くの研究で，副次的な指標としてパーソナリティの変化も測定されており，その結果が報告されていました。

　そこで，ロバートらは，先行研究の結果の数値を統合して，より多くの研究結果から結論を導くことができる「メタ分析」という手法を用いて，心理的介入がパーソナリティの変化に与える影響を分析しました。先行研究をレビューした結果，条件を満たす研究は207あり，合計で20,024名という，心理学研究としてはかなり大規模な参加者のデータに基づく分析結果となっています。

　果たして，心理的介入を通じてパーソナリティは変化していたのでしょうか？　まず，ビッグ・ファイブと呼ばれる，心理学研究において幅広く用いられるパーソナリティ特性の種類ごとに，心理的介入の効果をまとめた図が，図7-3の左図になります。横軸は効果量（d）の値で，「（介入後の得点－介入前の得点）/得点の標準偏差」で計算される値となっています。簡単にいうと，この値が0よりも大きければ，心理的介入を通じてパーソナリティが正に変化しており，値が大きければ大きいほど，よりパーソナリティが正に変化したと

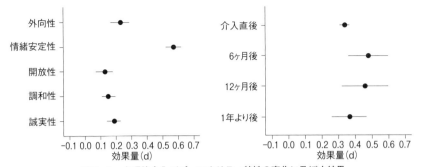

図7-3 心理的介入がパーソナリティ特性の変化に及ぼす結果
(Robert et al., 2017 の Table 2 のデータをもとに作成。誤差範囲は 95％信頼区間)

解釈してください。

　図を見ると，外向性・情緒安定性・開放性・調和性・誠実性という，ビッグ・ファイブのどのパーソナリティ特性も，値が0より大きく，心理的介入を通じて，正に変化したということがわかります。また，値の大きさを比べてみると，情緒安定性が，他のパーソナリティ特性と比べて，とくに大きく正に変化した（大きく情緒安定性が向上した）ということがわかります。

　さて，心理的介入を経験した後，パーソナリティが変化するとしても，それは一時的なもので，すぐに心理的介入を経験する前に戻ってしまうのでしょうか？　それとも変化は長期的に持続するのでしょうか？　この結果をまとめた図が，図7-3の右図です。結果を見ると，1年以上経過しても，パーソナリティは変化したままで，心理的介入の影響は長期的に持続するということがわかります。

　さらに，心理的介入はどの程度の期間行えば，パーソナリティは変化するのでしょうか？　もちろん，心理的介入を経験する期間が長ければ長いほど，パーソナリティも大きく変化するのですが，大体8週間程度で，その効果が頭打ちになるということがわかりました。これらの結果は，従来考えられていたよりも短期間でパーソナリティは変わり得ることを示唆しています。

＊　　＊　　＊

古見「図7-3の右側の図によると少しずつ効果量が低くなっているように

見えるのですが，この後はどのように変化すると予測されるのでしょうか？」

　回答「ロバート（Robert et al., 2017）の論文中では，フォローアップの時期に応じた効果量の違いに関しては，6ヶ月後以降の得点については有意差が見られておらず，期間が経っても効果が持続するという結論が述べられています。そのため，同程度の正の効果量のままではないかと考えられますが，1年を大きく超えて長期的な効果を検証した研究はそもそも数が非常に少ないため，確かな結論を導くには，これからの研究が望まれます」

　津田「心理的介入とは，もう少し具体的にはどのようなことをするのでしょうか？」

　回答「メタ分析に含まれている研究では，大部分の研究（207 中 195）が，心理療法による心理的介入であったことが報告されています。心理療法の種類についても報告されており，薬学的介入や，認知行動療法，精神分析学的介入などが含まれています」

　樋口「心理的介入は情緒安定性をとくに大きく変化させるようですが，これにはどのような理由があるのでしょうか。情緒安定性はそもそも変化しやすいという性質を持っているのでしょうか？　もしくは，対象の研究には情緒安定性の低い方が集まっていて，介入の効果が大きかったということもあるのかなと思いました」

　回答「ロバート（Robert et al., 2017）のメタ分析に含まれている研究の大部分は心理療法による介入の効果を検討したものでした。さらに，これらの研究では，調査対象者も臨床群となっています。臨床群の特徴の一つに，情緒安定性の低さがあることをふまえると，今回のメタ分析で含まれている多くの研究の参加者には，情緒安定性の低い人が集まっていたと考えられます。ロバート（Robert et al., 2017）では，情緒安定性に変化しやすい性質があるというよりは，今回メタ分析に含めた研究では，心理的介入の中身が，情緒安定性の変化

に最も影響を与え得るものになっていたため，情緒安定性の変化がとくに大きく見られた可能性が考察されています。また，臨床群の参加者を対象とした研究と非臨床群を対象とした研究で，効果の大きさに違いが見られなかったことから，初めのパーソナリティ特性の高低による影響はあまりない可能性を議論しています。ただし，メタ分析に含まれている非臨床群を対象とした研究の数は少ないため，結果の頑健性については，一定の限界を考慮することが必要です」

　小山内「『心理的介入』は，不安やうつなど心の不安定さを軽減するものなので，この結果はとても納得しました。しかし，情緒安定性以外のパーソナリティ因子を大きく変化させる方法はあるのでしょうか」

　回答「不安やうつの軽減を目的とした心理的介入以外にも，他の種類の心理的介入では，情緒安定性以外のパーソナリティ因子が変化することを示したものがあります。例えば，ジャクソンらは，ドイツ人の軍事訓練への参加者と非参加者間のパーソナリティの変化の違いに着目し，縦断調査を行いました。その結果，最も両群の違いが見られたのは，パーソナリティ特性の中の『調和性』であり，軍事訓練の参加者の方が非参加者に比べて，調和性が低くなることを明らかにしています（Jackson et al., 2012）。この結果について，ジャクソンらは，相手への攻撃性を高める必要性など，軍事場面における調和性の低さの利点という観点から考察しています（ただし，軍事場面でも，味方とは協力しないといけないので，考察の妥当性には疑問の余地があるかもしれません）。いずれにせよ，経験の内容次第で，どのパーソナリティ特性が大きく変化するのかは変わってくると考えられます」

神経・生理心理学

1. 神経・生理心理学とは

　神経・生理心理学は，硬い頭蓋骨に覆われた1kgちょっとしかない物質である脳が，どうやって私たちの感じる喜び・悲しみ・怒りといった多種多様な感情や，過去・未来・話し相手の心の中といった今現在の自分とは異なる世界についての想像など，生々しい心の営みを生じさせるのかについて明らかにすることを目的とした学問です。生きたヒトの脳を直接調べるのは現在に至っても難しく，古くは動物を対象とした脳破壊実験や薬理・電気生理学実験によって，視覚や運動などヒトと共通，あるいは類似した機能の脳内メカニズムについての検討が行われ，またヒトの脳損傷による心理機能の障害事例から，様々な脳－心理機能の理解が進んできました。近年では，脳波・MRIなど生きたヒトの脳活動を測定可能な手法が発展しただけでなく，人体を傷つけることなく脳機能を調節可能な脳刺激法が登場したことにより，著しい発展を見せています。心の脳内メカニズムについて理解することは，学問としての探求のためだけでなく，適切な薬理治療やリハビリテーション，脳刺激による機能改善など，精神医学や臨床心理学の発展の上でも極めて重要です。本章では，神経・生理心理学の分野でとくに重要な，ヒトを対象とした症例や実験を紹介しながら，脳と心の不思議な関係について見ていきましょう。

2. 右脳と左脳

　私たちの脳は**右脳**と**左脳**に分かれていて，それらは**脳梁**を介して情報のやりとりを行っています（図8-1a）。しかし，もし難治性の**てんかん**（神経細胞

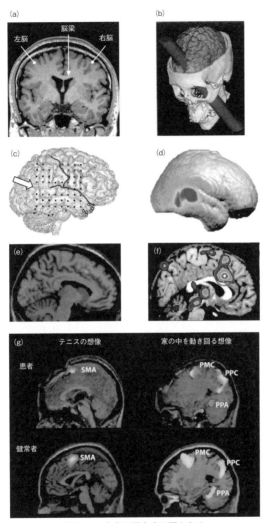

図8-1 本章で紹介する図まとめ
（a）右脳・左脳と脳梁。（b）フィアネス・ゲージの脳と鉄パイプのコンピュータシミュレーション（Damasio et al., 1994）。（c）刺激によって幽体離脱が生じる領域（Blanke et al., 2002）と（d）幽体離脱の想像によって活性化する領域（Blanke et al., 2005）。いずれも側頭頭頂接合部が関連している。（e）社会的痛みで活性化する領域（Eisenberger et al., 2003）と（f）身体的痛みで活性化する領域（Rainville et al., 1997）。いずれも前部帯状回が活性化している。（g）植物状態患者と健常者が想像課題をしている際の脳活動（Owen et al., 2006）。非常に類似した領域が活動していることから，植物状態と思われていた患者に意識があることが明らかとなった。

の過剰反応によって突然のけいれんや意識消失が起きる脳疾患)を患ってしまった場合,まれに脳梁を切断する外科手術が行われることがあります。脳梁を切断することで,一方の半球で起きた発作が他方に拡がらなくなるため症状を緩和することができるのですが,そのせいで「**分離脳症候群**」という新たな症状を生じる場合があります。分離脳患者が明確に示すのは,「見えていないのにわかる」という症状です。例えば,患者の右視野に顔刺激を見せた場合には,それが顔だとわかるのですが,左視野に同じように顔を見せると,口頭では何も見えないと答えます。にもかかわらず,何か見えた場合には左手でボタンを押すようにしてもらうと,確かにボタンを押すのです。興味深いのは,その後それを患者に伝えても,自分がなぜボタンを押したのかわからないと答えることです。このような,左右視野の知覚と反応の分離を示す検査結果がいくつも見られることから,分離脳患者は左右半球で2つの意識を持っているという仮説も提唱されました(Sperry, 1966)。近年では,より緻密で大規模な研究成果を基礎として,単一の意識でも視知覚の不統合を生じうることを考慮した新たな仮説が現れていますが(Pinto et al., 2017),いずれにせよ,世界の認識の仕方は右脳と左脳の連携に支えられていることがわかります。私たちも時々体験する「あの時,なんであんなことをしてしまったんだろう」という体験は,もしかしたら右脳と左脳がちゃんと連携できていなかったから,なんていう場合があるのかもしれません。

3. 人格の宿る脳

　脳のどの部分が私たちの心を生み出しているか調べるにはどうしたらよいでしょうか。わかりやすい方法は,脳のある部分にダメージを与えて心を失うかどうか調べる,というやり方です。そんなことできるわけがない,と思われるかもしれませんが,実際にそれほど遠くない過去,重度の精神疾患に対して有効な外科手術として,脳部位の切断が行われていました。20世紀前半,うつ病や統合失調症などに対して治療法がなかった時代に,精神外科医のモーニッツ(E. Moniz, 1874～1955年)は**前頭葉**と**視床**をつなぐ神経繊維を切断することで,患者の錯乱状態や凶暴性を抑えることができることを発見しました。ロ

ボトミーと呼ばれるこの手術は一見して副作用が見られなかったため，当時は画期的な治療法としてノーベル医学・生理学賞が贈られています。しかしその後，ロボトミーを受けた患者から明確な意思が失われ，人間らしい感情の動きも見られなくなってしまうことが明らかとなり，また精神疾患に有効な新薬が開発されたことから，この危険な手術の適用は急速に減少し，今では禁忌となっています。悲劇ともいえるロボトミー手術ですが，その結果，私たちは前頭葉と視床の連携が人らしい心を持つ上で不可欠であることを知ることができたのです。

　もう一つ，前頭葉と人格との関連を示す有名な症例があります。アメリカに住むフィアネス・ゲージさん（P. P. Gage, 1823〜1860 年）は 1848 年，鉄道施工の仕事中に爆発事故にあい，その際に鉄パイプが彼の左眼の下から前額を貫通しました。幸いにも一命はとりとめたのですが，事故前には温厚で信頼の厚い性格だった彼が，気性の荒い短気な性格に豹変してしまったのです。その痛ましい事故から約 150 年後，彼の死後コンピュータグラフィクスによる検証によって，彼が前頭前野の下内側部にある**眼窩前頭皮質**と呼ばれる領域を損傷していることがわかりました（図 8 - 1 b）（Damasio et al., 1994）。今では，この領域は情動や動機づけに基づく意思決定に関与することがよく知られていますが，こうした症例の蓄積がそうした理解の礎になっているのです。

4．私を「わたし」たらしめる記憶

　私たちは朝起きると，なんの疑問もなく昨日までと同じ「わたし」として生活を始めるわけですが，こんな当たり前のことでさえも，脳が正常な記憶機能を持っていなければ成り立たないのです。**記憶**とは，過去の体験を神経細胞集団の発火パターンとして脳内に保存する機能であり，同じパターンの発火が起きることで，過去の体験を脳内で再構築することを可能にします。記憶は脳の広範な領域によって支えられているため，脳機能の不全によって様々な記憶障害が生じます。記憶障害に関する最も有名な症例は，H. M. のイニシャルで知られるヘンリー・モレゾンさん（H. Molaison, 1926〜2008 年）でしょう。彼は幼少期より重度のてんかんに悩まされており，1953 年，27 歳の年に，その原

因部位と考えられた**内側側頭葉**の一部分が外科手術により切除されました。その結果，確かにてんかんはおさまったものの，新しい出来事を長期にわたって記憶できない重度の**前向性健忘**を発症してしまいました（Scoville & Milner, 1957）。彼は，昔の出来事については明確に思い出すことができ，また数十秒単位の短い間であれば数字の羅列を覚えていたり，会話をすることも可能でした。しかし，いくら同じことを繰り返しても，それが彼の長期記憶に残ることはありませんでした。毎朝鏡を見て，自分が思っているよりもずっと年上の男性の姿が目の前にあるのはどんな気持ちなのでしょう。

ロボトミーと同様に，脳部位の切除は彼にとっても悲劇をもたらしましたが，彼の症例によって記憶の脳内メカニズムの理解は飛躍的に進みました。彼が切除された内側側頭葉は，**海馬**とその周辺部位を含んでおり，その切除によって短期記憶を長期記憶に定着する機能が失われたことから，海馬とその周辺部位が長期記憶の定着に不可欠であることが明らかになりました。もしかしたらみなさんも，海馬が記憶に重要な部位であることはご存知かもしれませんが，その知識こそ，このヘンリーさんの多大な貢献によってもたらされたものなのです。

5．わたしの外から私を見る―視点取得の神経基盤

私たちの心は普段，自身の身体の中に収まり，自身の目から世界を見て，自身の手足を動かして行動します。しかし私たちの脳は，自身の身体から私たちの心を解放する機能を持っています。2002年，スイスの大学病院に属する研究チームが，ある患者のてんかんの原因部位を特定するために脳に直接電極を刺して微弱な電気を流していると，右の頭頂葉と側頭葉の境目付近を刺激した際に様々な不思議な感覚が生じたと報告がありました（図8-1c）（Blanke et al., 2002）。自分の体を上から眺めているような感覚になったり，体が天井付近まで浮かび上がったり，手足がのびたり縮んだりと，自分の身体に関する認識や視点自体が，**右側頭頂接合部**を電気刺激しただけで変化してしまったのです。とくに，視点が自身の身体から離れていく，いわゆる**幽体離脱**が起きるということは，この領域が活動することによって自分の外にある視点から世界

を見ることができるようになる可能性を示しています。その後，脳刺激法を用いた研究によって，より一般的な側頭頭頂接合部と**視点取得**の因果関係が明らかになっています（Blanke et al., 2005）。**経頭蓋磁気刺激法**（TMS）と呼ばれる脳刺激法は，電磁石に急激な磁場変化を起こしてその周辺に渦電流を生じさせることで，人体を傷つけることなく脳組織に微弱電流を誘起することができる手法です。ブランケら（Blanke et al., 2005）は健常者を対象とした実験によって，視点取得が必要な課題を行った際に側頭頭頂接合部が活性化すること（図8-1 d），ならびに TMS によってその活動に干渉すると課題成績が低下することを示しました。すなわち，側頭頭頂接合部の活性化によって，私たちは自身とは異なる視点から見える世界をイメージできることが明らかとなったのです。

　それによって，どんなメリットがあるのでしょうか。みなさんも体験的に理解していることと思いますが，ルービィとデセティ（Ruby & Decety, 2004）によって報告された研究が，その科学的な答えを提示してくれました。この研究で，参加者は MRI と呼ばれる脳機能計測装置の中に入り，自分が登場するストーリー（例：知らない人があなたの服にコーヒーをこぼした）を読んで，その時の自分の気持ちと自分の母親の気持ちを考えます。すると，自分の気持ちを考えた場合に比べて，母親の気持ちを考えた時に右半球の側頭頭頂接合部がより強く活動することがわかりました。その後も数多くの研究が行われ，刺激すると幽体離脱を起こす不思議な領域は，自分の視点から離れ，相手の気持ちになって考えるという私たちの社会生活で不可欠な機能を支えていることが明らかとなりました。

6．「心の痛み」の神経基盤

　例えば誰か親しい人を亡くした時，恋人に別れを告げられた時，友達に仲間はずれにされた時，どのような気持ちになるでしょうか。「心が痛い」とでもいえる気持ちを感じるのではないでしょうか。痛みは避けるべきネガティブな刺激ですから，私たちはそのような気持ちをできるだけ感じることのないよう，今ある関係ができるだけ失われないような行動をとるように動機づけられます。

社会の中で人と関わりを持ち，それを維持することは生存において極めて重要であることから，脳は視点取得のような機能を有するようになっただけでなく，社会的な関係の喪失に痛みのようなものを感じるようになったのでしょう。アイゼンバーガーら（Eisenberger et al., 2003）は，この「痛みのようなもの」が単なる比喩ではないことを示唆する研究結果を示しました。この研究で，参加者は MRI の中でパソコン上の 2 人の参加者とキャッチボールをするのですが，次第にその 2 人から仲間はずれにされるようになります。**サイバーボール課題**と呼ばれるこの課題は，実際の相手はコンピュータプログラムなのですが，それが実在する他の参加者だと信じ込ませることで，仲間はずれにされた際の脳活動を測定することが可能になります。結果，仲間はずれにされた際には，そうでなかった場合に比べて**前部帯状回背側部**と呼ばれる領域が強く活動しており，その活動が大きいほど，主観的なストレスも大きいことがわかりました（図 8 - 1 e）。さらに，**右前頭前野腹側部**の活動が高いほど前部帯状回背側部の活動が低く，主観的なストレスが小さくなることも合わせて示されました。興味深いのは，この結果が身体的な痛みを感じた際の反応と非常に似通っていたことです。前部帯状回背側部は，身体的な痛みを感じた際にも強く活動することがわかっていましたし（図 8 - 1 f）（Rainville et al., 1997），また身体的な痛みを感じた際にそれを制御するのにも右前頭前野腹側部が働くことがわかっています（Lorenz et al., 2003）。この研究結果より，身体的な痛みと，仲間はずれにされた際の「**社会的な痛み**」が脳の共通基盤によって処理されている可能性が示されたのです。

より最近の研究では，**人工知能アルゴリズム**を用いて，前部帯状回背側部の詳細な活動パターンと主観的な痛みとの対応について検討が行われ，身体的痛みと社会的痛みに対する脳活動が区別可能であること，すなわちそれぞれに特徴的な活動パターンが存在することが明らかとなりましたが（Woo et al., 2014），一方で鎮痛薬であるアセトアミノフェンを服用すると社会的痛みを感じにくくなり，脳活動も弱まることが示されていることから（DeWall et al., 2010），社会的痛みと身体的痛みは完全とはいかないまでも一定の共通性を有すると考えられます。こういった共通性は脳を研究することによって初めて明らかになることであり，その理解は薬理介入など臨床医学の上でも有益な情報

になることが期待されます。

7．閉じ込め症候群―社会と隔離された「わたし」

　もし，いくら叫んでも目の前の人に自分の声が届かなかったら，どんな気持ちでしょうか。もし，いくら手を伸ばしても大切な人に触れられなかったら，感じる社会的な痛みはどれほどでしょうか。**閉じ込め症候群**と呼ばれる障害は，主に脳と脊髄をつなぐ脳幹で梗塞が起こることによって生じ，目のわずかな動き以外一切身体の自由が効かなくなってしまうものです。自分の意思を外の世界に伝えることが困難なため，周囲の人には意識すらない**植物状態**と区別がつかない場合すらあります。意識ははっきりとしているにもかかわらず，自分の周りの人には一切気づいてもらえないという状況がどれだけ絶望的か，想像に難くありません。

　しかし，外科手術を伴わない脳機能の測定技術が発展したことにより，そのような人たちを絶望から救うことができるようになりました。オーウェンら（Owen et al., 2006）は，交通事故により重度の外傷性脳損傷を受け，植物状態と診断された23歳の女性を対象にした実験結果を報告しています。この実験では，一見して意識がないように見える女性にMRIの中で2つの想像課題を行ってほしいと伝え，意識があれば想像をしているであろうタイミングの脳活動を，意識のある健常者が課題を行っている際の脳活動と比較しました。すると，テニスのゲームをしているところを想像する課題でも，自分の家の中を歩き回っているところを想像する課題でも，健常者と同様の脳活動が見られたのです（図8-1 g）。この実験から，彼女は実験の指示通りに想像課題を行っていたこと，すなわち彼女には確かに意識があることが明らかとなりました。このように，植物状態と診断された患者でも実際には意識を保っている場合があり，脳機能測定法という技術によって，彼らの身体に閉じ込められた意識を社会とつなぐことができるようになったのです。

8. 心の中を読み取る技術—脳情報デコーディング

「この人は今何を考えているのだろう？」。誰かとの会話中，相手の考えを読むことができればと思ったことはありませんか？　閉じ込め症候群の患者のように，自分から意思を伝えることが難しい相手の場合はとくにそう感じるでしょう。脳研究の中には，脳活動のデータから脳内で考えている内容を読み取ることを目指す，いわゆる**「脳情報デコーディング」**の研究があります。その先駆けともいえる神谷とトングの研究（Kamitani & Tong, 2005）では，いろいろな傾きをもった縞々の画像を見ている時の脳活動データを取得し，視覚野の活動パターンを人工知能アルゴリズムによって学習させることで，脳活動データから見ている縞々の傾きを検出できることを示しました。2009年には，何かを見ている際の脳活動ではなく，視覚刺激を記憶している際の脳活動パターンから記憶している刺激を検出できることが明らかになり（Harrison & Tong, 2009），さらに2013年には，夢の中で何を見ていたかまで検出できる方法が提案されました（Horikawa et al., 2013）。ここまでの研究は，呈示された刺激がどれであるかを脳活動から検出するという形でしたが，本章執筆時点（2018年）で最新の研究では，最新の人工知能アルゴリズムである**ディープラーンニング**によって，完璧とはいかないながらも脳活動のみから見ていた画像を再構成することに成功しています（Shen et al., 2018）。今後人工知能技術がさらに発展することによって，私たちが心に思い描いているものを脳活動からクリアに読み取ることができる未来が訪れるのも時間の問題かもしれません。

9. おわりに

本章では，過去数百年にわたる神経・生理心理学の研究の中で，脳と心の関係を理解する上でとくに重要だと「わたし」が感じた研究を紹介してきました。脳を理解することは心を理解することだということ，精神医学の観点からも脳機能の解明および脳研究の技術が重要であることを理解していただけたようであれば幸いです。当然ながら，当該分野でこれまでに蓄積されてきた膨大な知

見をすべて紹介するには紙面に限りがありますので，脳にひそむ心の起源を探求するこの魅力的な学問をより深く知りたい方は，ぜひ下記のおすすめ図書を手にとっていただければと思います。

おすすめ図書

◎ 池谷裕二（監修）(2015)．大人のための図鑑 脳と心のしくみ　新星出版社
◎ 養老孟司（監訳）(2012)．ブレインブック みえる脳　南江堂
　いずれも脳の構造・機能から疾患まで豊富なイラストでわかりやすく解説しています。「脳と心のしくみ」はＡ5判サイズで持ち歩きやすく，「ブレインブック」はＡ4判サイズで見やすく迫力のイラストを楽しむことができます。
◎ Bear, M. F., Paradiso, M. A., Connors B. W. *Neuroscience: Exploring the brain* (3rd ed.).（加藤宏司・後藤　薫・藤井　聡・山崎良彦（訳）(2007)．カラー版 ベアー コノーズ パラディーソ 神経科学―脳の探求　西村書店）
◎ Carlson, N. R. *Physiology of behavior: Pearson new international edition* (11th ed.).（泰羅雅登・中村克樹（監訳）(2013)．第4版 カールソン神経科学テキスト 脳と行動　丸善出版）
　より網羅的かつ詳細に学習したい場合にはこちら。「ベアーズ」は初学者からのステップアップに最適，「カールソン」はより新しい研究成果についても学ぶことができます。

心理学ニュース
脳機能データから自閉スペクトラム症を見分ける人工知能技術

　自閉スペクトラム症（autism spectrum disorder, ASD）という発達障害をご存知でしょうか。同じ行動の執拗な繰り返しやコミュニケーションの困難を特徴に持つ障害で，該当者は全人口の1％程度に及びます。ASDを含む精神疾患が抱える問題は，診断に有効な客観的指標がほとんどないことです。「血液のこの数値が高いからASDの可能性が高い」といった基準がないため，診断はもっぱら行動観察の結果をもとに行うしかありません。診断の共通基準もなく，広く使われている基準でも米国精神医学会が作成する「精神疾患の診断・統計マニュアル（DSM）」（本章執筆時点では第5版）と世界保健機関が作成する「国際疾病分類（ICD）」（本章執筆時点では第10版）の2つがあるような状態です。DSMでASDの診断基準を見てみると，情動の共有が少ない，他者の行動を模倣することが少ない，視線を合わせない，身振りが少ない，無表情，習慣への頑ななこだわり，などなど，私たちでもある程度該当するような項目が多く見られます。実際に，ASDと診断された人たちの中でも，年齢や性別，文化的な背景によって障害に幅が見られるため，スペクトラムという特徴が障害名の中に含まれているほどです。さらには，ASDのみならず他の多くの精神疾患がそうですが，版を重ねるごとに診断基準や診断名すら変わることから，精神疾患の診断が難しく，明確な客観的指標が必要であることがわかります。

　これまでの研究から，ASDに特徴的と思われる脳の構造的・機能的異常がいくつか報告されています。しかし，ASDの原因となる脳機能不全は一様ではなく，また患者の中でも年齢や性別，文化的背景，薬理治療歴など多くの多様性があるため，広く一般に適用可能な客観的指標の発見，およびそれを用いたASDの診断は困難でした。

　2016年にネイチャーコミュニケーションズ誌に掲載された日本とアメリカの国際共同研究は，人工知能アルゴリズムの適用によって脳機能データからASDの診断ができる可能性を示しています。この研究では，ASDと診断を受

けた 74 名の患者と 107 名の健常者から，ぼーっとして何もしていない時の脳活動を fMRI によって測定しました。この「ぼーっとしている時の脳活動」は安静時 fMRI と呼ばれ，手軽に測定できる上に認知機能の個人差や精神疾患における異常など有益な情報が得られるため，近年盛んに利用されています。次に，脳を 140 の領域に区切り，領域間の「機能結合」を計算します。機能結合とは，2 つの領域の脳活動の変化がどれだけ似通っているかを反映する指標で，機能結合が高い領域同士はネットワークを形成し，ネットワークごとに特徴的な機能を担っていると考えられています。そして，140 領域それぞれの間で計算された 9,730 の機能結合データに対して人工知能アルゴリズムを適用し，ASD と健常者の識別を行いました。この研究の優れているところは，人工知能アルゴリズムが最も効果的に機能するような工夫をしている点です。今回の研究では参加者の数（181 名）に対して機能結合データ（9,730）がはるかに多いため，そのまま人工知能アルゴリズムを適用してしまうと，実際には関連のないはずのデータが見かけ上重要であるように見なされてしまうなどアルゴリズムが正しく働かない場合があるのです。そこで本研究では，まず ASD 傾向のみと関連する機能結合データを選択するためのアルゴリズムを適用し，その後 ASD と健常者を識別するためのアルゴリズムを適用するという 2 段階プロセスを採用しています。

　その結果，最終的に 16 の機能結合データによって，85％の正答率で ASD と健常者を識別できることが示されました（図 8-2）。本研究では，この人工知能アルゴリズムの一般化可能性を確かめるために日本のデータで作成された識別アルゴリズムをアメリカのデータにも適用しているのですが，その結果，国籍の異なるデータでも 75％の正答率で識別することができたことから，本研究の手続きによって異なる人種や文化背景で共通の ASD 診断アルゴリズムを作成できる可能性が示されたといえます。今後，脳機能データの質を向上させたりアルゴリズムを改良していくことで，より高性能で臨床応用可能なレベルの ASD 診断アルゴリズムを確立することが可能になるでしょうし，ASD 以外の精神疾患についても応用することができれば，より早期でかつ妥当な診断を可能にする精神疾患一般の客観的指標として，精神医学界を大きく変えることになるかもしれません。

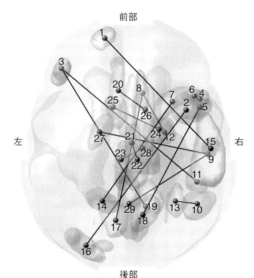

図 8-2　ASD を識別する際に使われた 16 の機能結合
全部で 29 の領域が関与していました。

　それにしても，たった 16 の機能結合データによってそこまで高精度な識別ができるというのは，なんだか不思議な感じがしますね。脳はそれだけ絶妙なバランスによって成り立っているということの表れかもしれません。脳のバランスは崩れやすく，ふとしたことで簡単に精神疾患になってしまう可能性がある，ということを考えると，脳に優しい生活を送ることが，健やかな人生を送ることにつながりそうです。無理をしすぎず，ストレスをためすぎず，規則正しい生活。そして，自分も他人も同じ脳を持っているわけですから，人に優しく，自分に優しく。どれも当たり前のことですが，ブラック企業の役員の方々には，社員の脳の繊細さをとくに意識していただきたいものです。

＊　　＊　　＊

　古見「ASD の判断の難しさの一つに，ASD は先天的だけれども後天的に ASD によく似た反応を示す人（愛着障害の人など）がいるという点があると思います。その辺りも判別できるものなのでしょうか？」

回答「とても面白い観点だと思います。この論文の中でも，ちょっとアプローチは違いますが，識別器の ASD 特異性について調べています。具体的には，ASD と病態生理学的，遺伝的に多くの共通因子を持つ統合失調症と，そうでない注意欠如・多動性障害，うつ病を対象として，ASD の識別器で健常者から識別することを試みています。その結果，統合失調症と健常者との識別は ASD の識別器でも統計的に有意なレベルで可能なものの，その性能は大きく落ちること，そして，その他の障害では識別ができないことが示されました。遺伝子・病態レベルで共通因子を持つ統合失調症でさえ著しい性能の低下を示すわけですから，この識別器は ASD 特異性が高く，おそらく後天的に似た症状を示す場合でも高い識別能を示すのではと思います。が，今後検討されるべき重要な問いですね」

津田「機械学習の正解データはおそらく行動指標によって得られたのだと思いますが，そうすると結局のところ ASD であるかどうかという判断の ground truth は依然として行動指標にあるということになり，脳計測を行うことのメリットがあまり響かないように思えます。行動では知り得ないことが脳計測によって明らかになる，といった見込みはあるのでしょうか？」

回答「まず前提を共有するために補足しますと，本研究の識別器は広く一般のデータ（例えば私や津田さんの脳活動データ）に適用し，ASD か否かの識別に使用することができるように作成されています。つまり，一度識別器を作成してしまえば，行動指標をとることなく診断を行うことが可能になります。この前提をふまえると，ASD であるか否かの正答が行動指標によって与えられていても，脳計測を行うメリットは多々あることがわかると思います。例えば，脳機能情報を用いた識別によって診断の自動化・均質化ができるようになる可能性があります。自動化のメリットについては説明するまでもありませんし，精神科医や環境因などによる診断の変動性も低減することで，一貫した診断が期待できるようになります。また，今回の手続きはあらゆる精神障害に対して適用可能ですから，1回 10 分程度の脳画像測定さえすれば，あらゆる精神障害の診断を行うことが可能になるかもしれません。行動では知り得ないこ

とが明らかになることも多々ありますが，申し訳ないことに紙面の都合がありますので，ぜひ今後の研究報告をお待ちいただければと思います」

　小山内「最初の方で『スペクトラム』と述べられているように，ASD を持つ人に特徴的な行動は多かれ少なかれ誰でも持っています．今回の研究では『ASD 者と健常者を識別する』ことができたそうですが，ASD 傾向の強さや，診断されるほどその傾向が強いかなども，機能結合でわかるようになるのでしょうか？」

　回答「確かに，スペクトラムのレベルまで評価できるのがベストですよね．機械学習のアルゴリズムには，今回のような ASD か否かを識別する方法だけでなく，「サポートベクター回帰」のように ASD 傾向を連続値として予測する方法もあります．ただ，予測器の作成により多くのデータが必要になるという問題点がありますので，識別の質を向上させるには，アルゴリズムの改善だけでなく，大規模なデータベースの構築が不可欠になってくるかと思います」

　樋口「機能的結合から ASD と健常者が区別できるというのは非常に興味深い発見だと思います．ASD の機能的結合を強化あるいは弱体化させて健常者に近づけるような訓練を行うと，ASD は改善されるのでしょうか？」

　回答「検討の価値は十分にあると思います．近年別の文脈で発表された研究ですが，特定の機能的結合の強度をリアルタイムにフィードバックしながら訓練することで，それを任意の方向に調整することができ，その結果課題成績にも影響を及ぼすことが示されました (Yamashita et al., 2017)．よって，ASD と関連する機能的結合を対象として同様の方法を適用することで，症状が改善する可能性はあると思います．ただ，この研究で操作しているのは単一の機能的結合で，さらに影響を検討している課題はシンプルな認知課題なので，ASD への介入にも適用できるかどうかの判断には研究の蓄積が必要ですね」

9 社会・集団・家族心理学

1. 社会心理学

(1) 社会とは何か？

　私たちは多くの場合，他者と関わり合いながら生活しています。人々が相互依存し，制度や規範，文化を共有している集団のことを，**社会**と呼びます（VandenBos, 2007 繁桝・四本監訳 2013）。社会心理学は，これまでの章で紹介してきたような個人の認知や感情，行動などが，社会の存在によってどのように影響を与え合うのかに注目します。このような問いは，対人関係や消費場面での意思決定など，私たちの日常生活と密接に関係しています。

(2) 社会的認知

　例えば，マラソン大会で優勝した時，その原因をどう考えるでしょうか。高い運動能力を有しているから？　他のランナーが相次いで転倒したから？　反対に敗退した場合には，どう考えるでしょうか。練習不足だったから？　観客の声援が気になって集中できなかったから？　このように，結果の原因を様々な対象に当てはめようとすることを，帰属（attribution）と呼びます。とくに，個人に原因を帰属することを**内的帰属**（internal attribution），環境に帰属することを**外的帰属**（external attribution）と区別します。

　これらの帰属に関して，自身に関するポジティブな出来事（例：マラソン大会で優勝した）は，ネガティブな出来事（例：敗退した）に比べて内的な原因に帰属されやすい，**セルフ・サーヴィング・バイアス**（self-serving bias）が知られています（Mezulis et al., 2004）。マラソンランナーの例では，ランナーは優勝の原因を敗退の原因よりも，ランナー自身の運動能力などの内的要因に

帰属しやすいのかもしれません。

　メタ分析という手法によって，セルフ・サーヴィング・バイアスを報告した多くの研究を概観したメズリスら（Mezulis et al., 2004）によれば，全体的な傾向としてはセルフ・サーヴィング・バイアスが広く認められました。もっとも，年齢や性別，精神的な病態や文化について詳細に比較をしていくと，青年期においてわずかにセルフ・サーヴィング・バイアスが低減するという年齢の影響や，日本ではセルフ・サーヴィング・バイアスが小さいといった文化の影響など，様々な違いがあるようです。

　別のメタ分析を行った研究では（Malle, 2006），以下の傾向が明らかになりました。

- ポジティブな出来事：行為者は，当該行為の観察者よりも，原因を内的 ＞ 外的に帰属
- ネガティブな出来事：当該行為の観察者は，行為者よりも，原因を内的 ＞ 外的に帰属

ランナーが優勝した時（ポジティブな出来事），ランナー自身は観客よりも自身の運動能力の高さなどの内的要因に原因を帰属しやすく，敗退した時（ネガティブな出来事），観客はランナー自身よりもランナーの運動能力の低さに原因を帰属しやすいかもしれません。

　実際には，自他の行動の背後には様々な原因が存在しますが，それらに対する重みづけは出来事がポジティブかネガティブかにより異なるようです。

(3) 態度・説得

　子どもの頃にマラソン大会で最下位になったことをきっかけに，マラソンが嫌いになった人がいるとしましょう。これは，「マラソンに対する否定的な態度（attitude）を有している」と表現できます。**態度**とは，物や人など様々な対象に結びついた，主観的な信念や評価を指します（VandenBos, 2007 繁桝・四本監訳 2013）。

　一方，マラソンが好きで好きでたまらない友人は，マラソンの素晴らしさを説き，「一緒に走ってみよう」と誘うかもしれません。このように，他者の態度や行動を変容させるために，コミュニケーション手段を用いて働きかける行

為を，**説得**（persuasion）と呼びます（今井，2006）

ペティとカシオッポ（Petty & Cacioppo, 1986）の**精緻化見込みモデル**によれば，説得的な情報が，中心ルートと周辺ルートのいずれで受け手に処理されるかが，説得の成否に影響します。もし説得的な情報の受け手が，その情報を処理する動機づけや能力が低ければ，情報は吟味されにくく，説得的な情報に付随する周辺的な情報（例：賛同者の数，発信者の肩書）が影響を与えます（周辺ルート）。ただしこれらの影響は小さく，態度や行動の変容は持続しにくいようです。一方，受け手の説得的な情報を処理する動機づけや能力が高い場合は中心的な情報（例：具体的な根拠）が処理され，説得的な情報の内容が吟味されることで，これまでの態度や行動が比較的長期にわたり変容されます（中心ルート）。

私たち自身の態度や行動も，熟慮した結果だと思っていても，実は周辺的な情報の影響を受けていることがあるかもしれません。

2．集団の心理学

(1) 集団とは何か？

先ほど説得による態度や行動の変化について説明しましたが，人は，直接的な説得がなくても周りの空気を読んで行動を変えることがあります。このように，様々な集団を対象として，その中で人々が相互作用する時に生じる心理過程を検討するのが「**集団力学**（group dynamics）」という領域です。

そもそも私たちはどのような人々を「集団（group）」としてくくっているのでしょうか？　「集団とは何か？」という問いに誰もが納得する説明をするのは，実は非常に難しいことです。例えば，仲の良い二人が集まった時，それは「集団」と呼べるでしょうか？　信号待ちのためにたまたま知らない人と3人で並んでいる時はどうでしょうか？　おそらく，これらの人々を集団と呼ぶかどうかは意見が分かれるところだと思います。

フォーサイズ（Forsyth, 2018）がまとめた『集団力学』という本では，様々な定義の中から共通の要素を取り出し「集団とは，2人またはそれ以上からなる社会的関係によってつながった人々である」としています。つまり，2

人でも集団と呼べますが，なんのつながりもない，ただ集まっただけの人々は何人だろうと集団とは呼べないということです。

集団力学のテーマは，集団が出来ていく過程や集団から人々が影響を受ける過程，集団のパフォーマンスに関わる過程など多岐にわたりますが，ここではすべてを紹介しきれませんので集団の影響の大きさを明らかにした有名な実験を一つ紹介しましょう。

(2) アッシュの同調実験

まずは図9-1を見てください。a～cの3本の線のうち，どの線が左側のAと同じ長さだと思いますか？　当然cですよね。

実験室には，一緒に実験を受けている参加者が7人おり，順番に答えを発表していくことになっています。あなたの順番は最後です。あなたは，みんな「c」と答えるものと思っていましたが，予想に反して前の6人は全員はっきりと「b」と言いました。さぁ，いよいよあなたの番です。なんと答えますか？

これは，**アッシュの同調実験**（Asch, 1955）の概要です。前に答えた6人は，本当はサクラ（実験協力者）で，必ず揃って間違った答えを言うよう，事前に実験者に頼まれていました。このように，自分の答えが少数派だった時，多数派の答えを聞いてどのくらいその答えに同調するかを検討したのがこの実験の内容です。同様の試行を何回も繰り返したところ，およそ3分の1の人々が多数派に同調することがわかりました。

ドイチとジェラード（Deutsch & Gerard, 1955）は，同調が起こるメカニズムとして情報的影響と規範的影響の2つを挙げています。情報的影響とは，正しい判断をしたいと思う時に他者の意見を参照することで，参照の結果，多数の人々の共通の意見は正しいだろうと信じてしまうことを表しています。一方，規範的影響は，多数派の人たちに嫌われたくないという動機から自分の意見を多数派に合わせてしまうことを示してい

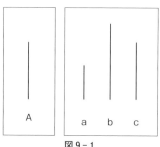

図9-1

す。
　人間関係にストレスを感じる背景には，こうした集団の影響が潜んでいるかもしれません。集団の影響を理解し，その力を活用しようというのが集団力学の目的です。

3．家族心理学

(1) 家族とは何か？

　このように，人は他者や集団から影響を受けながら生活していますが，その中でも家族からの影響はひときわ大きいことが予想されます。「家族」と聞いておそらくほとんどの人が血縁による人々のつながりをイメージすると思いますが，一方で，現代では多種多様な家族の形が存在します。そのため，「集団」と同様に「家族」を定義するのは容易なことではありません。
　近年では，ファミリー・アイデンティティという考え方も提唱されています。ファミリー・アイデンティティとは「何を家族と同定するかという『境界の定義』」（上野，1994）とされていますが，要するに，自分が「家族だ」と思う人々の範囲のことです。この観点に従えば，本人が「家族だ」と思えばペットだって家族の一員だということができます。

(2) 家族を理解するための枠組み

　家族心理学では，家族を一つのシステムと見なします。「システム」というのは，相互に作用し合う要素の複合体のことです。例えば，父・母・子の3人家族がいるとします。この3人がただバラバラに存在しているだけでは家族としてまとまりがあるとはいえません。父には父の，母には母の，そして子どもには子どもの役割があり，この役割を果たしながらお互いに影響を及ぼし合うことによって，家族として一つのまとまりができていきます。このまとまりのことを「**家族システム**」と呼びます。
　先ほど「お互いに影響し合う」といいましたが，これはある現象が何らかの原因にも結果にもなり得るということです（円環的因果律）。例えば，夫婦の関係性が悪化したことによって子どもがストレスを感じ，非行に走ってしまっ

たという時，この子どもの変化が新たな火種となり，夫婦の関係性がさらに悪化してしまうということがあります。これは，「夫婦の関係性の悪化」が「子どもの非行」の原因でも結果でもあることを表しています。子どもの非行を止めるためには，この悪循環を断ち切らなければ根本的な解決にはなりません。

このように，何か問題が起こった時，それを個人の問題としてではなく家族というシステムの中で起こった問題として理解しようとする立場が，家族システム理論です。

(3) 家族の発達

人の成長と同じように，家族も時間の経過とともに発達していくものだという考えがあります。カーターとマクゴールドリック（Carter & McGoldrick, 1989）は，家族の発達を表9-1のように6段階に分け，各段階において発達のために必要な変化を示しました（**家族ライフサイクル理論**）。

以上のような理論をもとに，家族の内外で起こる様々な問題に対応し，家族の健全な発達を促す方法を探るのが家族心理学の役割です。家族という複雑な仕組みをシステムやライフサイクルといった心理学的な視点で捉えなおすことで，きっと新しい一面が見えてくるでしょう。

おすすめ図書

◎ Cialdini, R. B. (2009). *Influence: Science and practice* (5th ed.). Boston, MA: Pearson Education.（社会行動研究会（訳）(2014)．影響力の武器［第三版］なぜ，人は動かされるのか　誠信書房）
　人が影響される仕組みについて説明した名著。理論や研究の説明だけでなく豊富な実例が紹介されているため，とてもわかりやすい内容になっています。

表 9-1　家族ライフサイクル（McGoldrick & Carter, 1998 をもとに作成）

【第1段階】親元から離れて自立する，独身の成人の時期

　親元から独立する
　親密な仲間関係を築く
　仕事面や経済面で自立する

【第2段階】新婚の夫婦の時期

　夫婦システムを形成する
　配偶者を含み拡大した家族や友人との関係を再編成する

【第3段階】幼児を含む家族の時期

　子どものために夫婦システムを調整する
　育児や家事に参加する
　父母や祖父母の役割を含めた拡大家族との関係を再調整する

【第4段階】青年期の子どもをもつ家族の時期

　青年期の子どもが家族システムに出入りできるように親子関係を変える
　中年の夫婦関係や，自分のキャリアの問題に目を向ける
　老後への関心を持つ

【第5段階】子どもが自立し，移行する時期

　二者関係として，夫婦システムの再編成を行う
　成長した子どもと大人同士の関係を発達させる
　義理の家族や孫を含めて関係の再編成をする
　両親（祖父母）の老化や死に対応する

【第6段階】老年の家族の時期

　自分自身や夫婦の機能を見直したり，身体的な衰えに目を向け，新たな社会的役割を選択する
　中年の世代が中心的な役割を取れるように支援する
　高齢者の知恵と経験を生かすための体制を整える。ただし，過剰な介入はしない
　配偶者，兄弟姉妹・友人などの仲間の喪失に直面し，自分の死への準備をはじめる

心理学ニュース

高い地位は"悪い"人を作る！?

　紀ノ定「突然ですが杉浦さん，"お金持ち"に対して，どんなイメージを持っていますか？」

　杉浦「うーん，難しい質問ですね。現実はさておき，ドラマやアニメなんかだと，自分勝手で嫌なキャラとして描写されることが多いですよね」

　紀ノ定「実は「Higher social class predicts increased unethical behavior」という論文によれば，その通りかもしれません（Piff et al., 2012）」

　杉浦「直訳すると…「社会的階層の高さが非倫理的行動を予測する」ですね」

　紀ノ定「そうです。社会的・経済的に高い階層に位置する人（以下，高階層）ほど，自己の利益を重視して規範を逸脱した行動をとる，という一連の研究が掲載されています。実験の例を一つ紹介します。実験参加者は，PC上でサイコロを5回振る課題を行います。実験参加者は，「サイコロを5回振り終わったら，合計値を報告してください」と言われます。合計値が5の倍数に達するたびに，報酬が増加します。端数は，最も近い5の倍数の値に繰り上げまたは繰り下げされます。例えば12点は10点に，13点は15点になるということですね。重要な点は，実は合計値が必ず12になるように，サイコロの目が調整されていたということです。したがって実験参加者が正直に合計値を報告すれば，端数が切り捨てられて，10点扱いになってしまいます。反対にもし嘘をついて，実際より1点でも多く報告すれば…ワンランク上の報酬が得られるわけですね。杉浦さんならどうしますか？」

　杉浦「いやいやいや，正直に答えますよ！」

紀ノ定「若干目が泳いでいますが，よかった（笑）。さて，この実験で注目しているのは，「実験参加者が嘘をついた程度」です。195名の実験参加者のうち31名が嘘をついた，つまり報告した合計値が13点以上だったそうです。さらに，自身を高階層だと思っている人ほど嘘をついた程度が大きい，という関係が認められました」

杉浦「へええ，興味深い結果ですね。でも不思議だなあ。経済的地位が高い，つまりお金持ちなら，嘘をついてまで報酬を得る必要はないような…」

紀ノ定「そう，そこが本論文の重要な点です。強欲を肯定的に捉えている程度が，自身を高階層だと思っている人ほど点数を実際より多く報告したという関係を媒介していました。社会的・経済的に高い階層に位置していると思っている人ほど，より多くの利益を得ることを肯定的に捉えていて，その結果として上記のような行動に出たということですね」

古見「因果関係が気になりますね。非倫理的な行動を行いやすいから，のし上がってお金持ちになったのか，お金持ちだから非倫理的行動をとるようになったのか」

樋口「古見さんの質問を聞いて，「報酬に対する感度が高い（報酬を期待しがちな）人ほど，嘘をついてお金がもらえる場面で，嘘をつきやすい」という研究を思い出しました（Abe & Greene, 2014）。実験に参加した高階層の人たちは，報酬に敏感だという性質によって，高階層にのし上がったのかもしれないですよね」

紀ノ定「非倫理的な行動をとることには様々なコストがかかりますが，高階層者はお金などの資源を有していることで，そのようなコストが低減することが関係している可能性があると考察されています。例えば駐禁で罰金を科されても，その罰金を支払う余裕があるということかもしれません。また，ヒトは他者と協力し合いながら社会生活を営んでいますが，高階層者は自身が多くの

資源を有するためそのような「制約」が小さく，自身の利益を優先した行動をとりやすいと考察されています。他にも様々な考察が行われているのですが，どちらかというと「お金持ちだから非倫理的行動をとるようになった」という解釈に重きが置かれている気がします」

杉浦「制約以外に価値観という面でも地位が影響しているのかもしれません。社会的支配理論（Sidanius & Pratto, 1999）という集団の階層に関する理論があるのですが，その中で，高地位者は階層を肯定する価値観を高地位者同士で共有し，正当化しているという話が出てきます。つまり高地位，ここまででいうところの高階層になったことで「強欲も大事なこと」という価値観を身につけ，それを周囲の同じ立場の人と共有することで正しいことだと信じていく…という流れなのだと思います」

紀ノ定「実は別のグループの研究によれば，低階層の人たちのほうが非倫理的な行動をとりやすい状況もあるそうです（Dubois et al., 2015）。このグループも，最初に紹介したサイコロを振る課題と同じような実験を行い，参加者が嘘をついて実際より高い点数を申告するかどうかを検証しました。半数の参加者は「報酬は参加者自身のものになる」と教示されました。この条件では，自身を高階層だと思っている参加者ほど嘘をつきやすいという結果が得られました。この結果は冒頭で紹介した論文と整合しますね。一方，もう半数の参加者は「報酬は他者のものになる」と教示されました。この条件ではなんと，自身を低階層だと思っている参加者ほど嘘をつきやすいという結果が得られました。すなわち高階層であるほど，常に非倫理的な行動をとりやすいというわけではない，ということですね」

小山内「研究の参加者は，自分の行動をどれくらい非倫理的だと思っていたのでしょうか。「他者の利益になる非倫理的行動」のほうが情状酌量できてしまう気がするのですが，そちらの方が非倫理的ではないと実際に考えられていたのか。また，非倫理的行動かどうかの判断が社会・経済的階層の高低によって変わってくるのか。そのあたりが気になりますね」

紀ノ定「著者らは別の実験で，シナリオを提示して（例：採点ミスにより実際より高い評価を得ていたが申告しなかった），当該行動をとる程度を質問したのですが，事前の調査によれば，このような非倫理的行動により利益が及ぶ対象の違いは（例：自身か他者か），当該行動が非倫理的である程度の評価には影響しなかったそうです。ただ階層が，行動が非倫理的かどうかの判断そのものに影響するかどうかは，明確に検証されていませんでした」

　津田「高階層の人が自己利益を追求するというのは腑に落ちる話ですが，低階層の人が他者のためであれば非倫理的行動をとるのはなぜなのでしょうか。社会的連帯によって弱者である自分たちを集団防衛しようとする意図の現れ？」

　樋口「または低階層の人には，他者からの良い評価が報酬になりやすいのでしょうか？」

　紀ノ定「どちらも関係していると思います。著者らは，資源に対する影響力の強さである，「パワー」に注目しています。パワーが大きいほど，良くも悪くも，他者を従える力を持っていることになります。なお実際には，階層とパワーの多寡は必ずしも連動しないので，厳密には著者らが注目しているのは「主観的なパワー」です」

　杉浦「「パワーハラスメント」などの言葉にも出てくるパワーのことですね」

　紀ノ定「はい，階層の高低は主観的なパワーの多寡に影響し，それが自身と他者のどちらにより注目し価値を置くかを変える，と考えているようです。自身のパワーが小さいと思っている人たちは，他者からの協力を得ることが自身の生活において重要になるので，「他者のため」に非倫理的な行動をしやすくなる，と考察されています」

　杉浦「2本の論文の話を聞いて，最近のリーダーシップ研究を思い出しまし

た。「リーダーシップ」と聞くと，おそらくみんな良いイメージを持っていると思いますが，近年では「悪いリーダーシップ」の研究も増えているんですよ。学術的には「破壊的リーダーシップ」というのですが，部下をいじめたり，暴君のようにふるまったり，明らかに周囲に良くない影響を与えるリーダーの行動に注目した研究です」

　紀ノ定「リーダーもお金持ちも地位が高いという点で共通していますが，こうしたリーダーも，自分の利益を重視して，非倫理的行動をとっているということでしょうか？」

　杉浦「そうかもしれませんね。ただし，地位や個人の性格も一つの原因かもしれませんが，個人的要因だけでなく組織的要因の影響も大きいことも指摘されています。例えば，誰かが怒ったり侮辱したりすることが許されるような雰囲気の職場や，攻撃的な言動に対して罰則や制裁のない職場では，破壊的なリーダー行動が生じやすいそうです（Zhang & Bednall, 2016）」

　紀ノ定「非倫理的行動の低減には，社会や組織に対する働きかけも重要そうですね」

　杉浦「注意してほしいのは，リーダーになったからといって，誰もが悪いリーダーシップをとるわけではないということです。多くのリーダーが，ルールを守って，集団のために一生懸命働いています。では「良いリーダー」と「悪いリーダー」，もしくは「良いお金持ち」と「悪いお金持ち」，これらを分ける要因は何なのか…。そのようなことを明らかにする研究が増えると，さらに世の中の役に立ちそうですね」

　紀ノ定「お金持ちを含む，広い意味での高階層者についても，同様のことがいえると思います。募金や慈善事業に熱心に取り組んでいる人たちも，たくさんいるはずです。十把一絡げに階層と行動を結びつけるのではなく，環境要因も含めていろいろな観点からこの問題を研究していく意義がありそうですね」

発達心理学

1. 発達心理学とは？

　みなさんは自分が子どもだった頃の心を鮮明に覚えていますか？　また，年老いた後に自分の心がどのように発達するか想像できますか？　発達心理学の知見はこのような問いに対してのヒントを与える学問です。発達心理学とは，人が生まれ，様々な人生を経験し，やがて死に至るまでの心の発達過程を探求する学問です。それでは，心はどのように発達していくのでしょうか？

　心の発達を考える際にポイントとなるのは生物学的な要因（遺伝）と環境的な要因です。私たちは，「ヒト」という生物ですが，社会的な生活を営む「人」という存在でもあります。人の発達を考える際には，遺伝と環境の両方が影響していることを忘れてはいけません。本章では，多くの人に共通する発達について書かれていますが，全員が必ずテキストどおりの心の発達を経験するわけではないということが重要です。

　発達心理学では，人の一生の心の発達過程を探求すると述べましたが，赤ちゃんの心の特徴と大人の心の特徴を同じように捉えることは困難です。そこで，発達心理学の分野では，心の質的な変化に着目して，発達を「胎児期」「乳児期」「幼児期」「児童期」「青年期」「成人期」という6つの時期に分けて研究が行われています（表10-1）。

表 10-1　代表的な発達段階の区分

発達段階	だいたいの時期	代表的な特徴
胎児期	受精から出産まで	胎動
乳児期	出産から1歳6ヶ月頃まで	指差し
幼児期	1歳6ヶ月頃から6歳頃まで	話し言葉の使用
児童期	6歳頃から12歳頃まで	小学校での学び
青年期	12歳頃から22歳頃まで	第二次性徴・論理的思考
成人期	22歳頃から死まで	就労から退職

2. 胎児期

母親の妊娠20週頃に感覚器官や中枢神経系が形成されます。その感覚器官を使って，胎児は刺激を知覚して記憶し始めるようになります。胎児は羊水の中にいるため，視界は暗く，また音もおそらく外界とは異なる聞こえ方であると考えられますが，母親の声などを区別していると考えられています（Kisilevsky et al., 2003）。

3. ピアジェの発達理論

発達心理学分野で最も大きな影響力をもつ研究者の一人がスイスの心理学者，ジャン・ピアジェ（J. Piaget）です。ピアジェは，子どもの認知機能の発達に着目し，多くの実証的研究を行いました（Piaget, 1970 中垣訳 2007; 表10-2）。

さらに，彼はそのような発見を通し，現代に至るまで強い影響を与え続けている認知発達の理論を提唱し，子どもの発達を「感覚運動期」「前操作期」「具体的操作期」「形式的操作期」の4つで構成される**発達段階**に分けました。

表 10-2　ピアジェの代表的な研究（Piaget, 1970 中垣訳 2007 を参考に筆者が作成）

テーマ	内容
対象の永続性	物が何かに覆われると乳児はその対象が存在しないと考える
視点取得	幼児は自分の視点と他者の視点が異なることを理解しない
液体の量	幼児は液体を幅広い容器から細い容器に移し替え，水位が上昇すると，そちらの方が量が多いと認識する
道徳	幼児は意図よりも結果から道徳判断を行う

① 感覚運動期（0〜2歳頃）：外界の認識が視覚や聴覚といった感覚と身体的な運動に由来している。
② 前操作期（2歳〜7歳頃）：頭の中の表象（イメージ）を使って外界を認識する。
③ 具体的操作期（7歳〜11歳頃）：具体的な対象（目に見える量や面積など）に論理的思考を行えるようになる。
④ 形式的操作期（11歳〜15歳頃）：抽象的な状況（慣性の法則などの目に見えない力の動きや仮定の話）でも論理的思考を行えるようになる。

4. 乳児期

　乳児期の認知能力や社会性の発達は，**選好注視法**（赤ちゃんがどちらを長く見るか），期待違反法（起こり得ないことを赤ちゃんが理解するか），**馴化—脱馴化法**（赤ちゃんが2つの刺激を区別するか）といった手法で明らかにされてきました。近年は，乳児の視線や脳活動を安全に測定することができるようになり，様々な研究が行われています（板倉, 2014）。

　ヒトの乳児は，他者に護られ，世話をしてもらわなければ生きていけません。そのため，養育者との関係は非常に重要です。生後1ヶ月頃の乳児は泣きや微笑を表出しますが，これは，養育者がそこに乳児の心を読み取り（mind-mindedness; Meins, 1997），そして養育行動を引き出すきっかけとなります。生後2ヶ月頃から，養育者に微笑みかけるなど自分からやりとりに入る行動が見られます。乳児が何か行動をしても，養育者が何も反応しなければどのような反応をするかという実験が行われました（still face paradigm; Tronick et al., 1978）。その結果，乳児はなんとか養育者の反応を引き出そうとするものの，最終的には泣き出してしまいます。こういった研究から，乳児は自分の行為に対して養育者が応えてくれるという期待を持っていると考えられています。

　このように乳児は養育者とやりとりを行う中で，養育者との絆，いわゆる**愛着**を形成していきます。これは，乳児と養育者とのやりとりから生まれるものであり，誰が自分の欲求を満たし，護ってくれるかを乳児が認識していく過程で生まれてきます。そして，養育者を，いつでも護ってくれる自分の味方であ

り，そのもとに戻れば安心感を得ることができる存在（**心理的安全基地**）と捉えるようになります。心理的安全基地としての養育者を持つ乳児は，はいはいでの移動による探索行動の中で何か怖い思いをしても，養育者のもとに一旦戻り，心を安心させてから，また他の探索に向かうことができます。3歳頃になると養育者のイメージ（**表象**：第5節参照）を安全基地とすることができるようになり，養育者のもとを離れて様々な行動ができるようになります。乳児期以降も子どもは，いついかなる時でも望めば養育者は自分を護ってくれるという確信を持つことで，安定した精神状態で過ごすことができます。愛着には個人差があり，養育者の態度や子ども自身の気質，環境的要因が関係すると考えられています（Ainsworth et al., 1978）。

5. 幼児期

　幼児期は，ピアジェの発達段階では「前操作期」にあたります。この時期の特徴は，目の前に存在しないものをイメージする（表象する）ことができるようになることです。この能力により，子どもは，前日に見たテレビ番組のヒーローの真似（**延滞模倣**）や，キャラクターごっこ（**ふり遊び**）をし始めます。
　また，**実行機能**と呼ばれる認知能力が大きく発達する時期でもあります。実行機能は，抑制する力（インヒビション），認知セット（例えばゲームのルールなど）を柔軟に切り替える力（シフティング），情報を更新する力（アップデーティング）に細分化されます（Miyake et al., 2000）。
　さらに，幼児期は**心の理論**の獲得時期でもあります。「自己，および他者に心的状態を帰属する」ことができると，心の理論を獲得しているとするという定義があります（Premack & Woodruff, 1978）。例えば，チョコレートの箱に手を伸ばしている誰かを見ると，あなたはその行動の背後に，その人物が「チョコレートを食べたい」という心を持っているだろうと推測するでしょう。このように，自分や他者（の目に見える行動）について「心」という「理論」を用いて解釈できると心の理論を獲得していると見なせます。この心の理論を獲得しているかを調べる課題として，登場人物の誤解を理解できるかを聞く**誤信念課題**（Wimmer & Perner, 1983）があります。誤信念課題では，例えば

「マクシという男の子が母親のお手伝いをしてチョコレートを緑の棚にしまいました。マクシが外で遊んでいる時に，母親はそのチョコレートをケーキ作りに使い，残りを青の棚にしまいました。マクシはチョコレートを食べたいと思って戻って来ました。マクシはチョコレートはどこにあると思っているでしょうか」という問題が出されます。みなさんには非常に簡単な問題かもしれませんが，自分が知っていること（今，チョコレートは青の棚にある）と他者（マクシ）の知っていること（チョコレートは緑の棚にしまった）の区別がつかないと問題を解くことができません。このような課題は3歳児には困難ですが，4歳から6歳にかけて正答率が上がっていくことがわかっています（Wellman et al., 2001）。この心の理論を獲得することにより，子どもは社会性を身につけていき，悲しむ友人を慰めたり，他者を欺く嘘をついたりすることが可能になります。

6. 児童期

児童期はピアジェの発達段階では，前操作期から具体的操作期，さらに形式的操作期にわたります。小学校での勉強が始まるため，学力（知力）の発達や，幼児期よりもさらに所属するコミュニティが増えることによる社会性の発達が見られます。一方で，「**9歳の壁**」という言葉が知られているように，移行期にうまく適応できない子どもたちもおり，幼児期以上に様々な面での個人差が目立つようになってきます。

児童期では，幼児期以上に子ども自身に求められる社会的な能力が増えていきます。例えば，所属する集団におけるルールを守ることや，暗黙の了解の理解，道徳的な判断や，**二次的誤信念**（例：Aさんの「Bさんが〜と思っている」という思い込み）の理解（Perner & Wimmer, 1985），情動の調節といったことができるようになる必要があります。小学校低学年では，前操作期から具体的操作期への移行に伴って，自己中心性（中心化）からの脱却（脱中心化）が見られ，他者の視点に立って物事を考えられるようになります。そして，小学校中学年くらいになると，同年代同性の仲間集団をつくり，親や教育者の目が届かない場所で独自の社会をつくりあげるようになります（**ギャングエイ**

ジ)。これは，子どもの精神的な独立の発達を示すものですが，近年日本では少子化の影響もあり，子どもが遊ぶ時間，空間，仲間の減少により，発達の様相が変化してきている可能性があります。

7. 青 年 期

青年期には，身体的には急速な身長や体重の伸び，第二次性徴を経験します。また，社会においても中学生，高校生，大学生や社会人など立場や周りの環境の大きな変化が起こります。身体的にも社会的にも子どもから大人への移行期間といえるでしょう。

青年期から成人期は社会性に関わる脳機能が顕著に発達する時期です (Kilford et al., 2016)。この時期には他者の心の推測を，自分の心を基本として推測することもよく見られ，これを**青年期の自己中心性**といいます (Elkind, 1967)。例えば，自分の容姿に関心を持つ人が，他者も自分の容姿に関心を持っていると思い込み，眉毛やそばかす，また体型などを過剰に意識することがあります。このように，自分の関心対象である自己のことを誰もが注目していると考え，**想像上の観客**をつくりあげることが青年期の特徴として指摘されます。また，危険な意思決定（バイクをこっそり盗んで走り出すなど）を行いやすいことも指摘されています (Blakemore & Robbins, 2012)。

8. 成 人 期

成人期では，「ケアされるもの」から「ケアするもの」になると考えられています (Erikson, 1963)。成人期は青年期の特徴を残す20〜30代の成人初期（若年期），社会の中核となり，次世代の教育を行う40〜50代の成人中期（中年期・壮年期），認知機能や身体の加齢が進行する60代以降の成人後期（老年期）と分類されることがあります。若年期や中年期には，職業を通しての**熟達化**や子どもを持つことによる親としての発達，老親の介護や看取りによる発達などが見られます。母性本能という言葉がありますが，子育ては本能で行われるものではなく，様々な経験を通して女性も男性も親としての発達を遂げると

いう面は親としての発達を考える際に注意しなければならない点でしょう。そして，老年期には認知機能の低下や**死生観**の変化などが見られます。

9．ま と め

ここまで，人の心の発達を概観してきました。冒頭にも述べたように，人の発達には生物学的な要因と環境的な要因が相互に影響します。生物学的な要因を変えることは困難ですが，環境的な要因は社会の努力で変えることができます。一人ひとりが適切に愛着を形成し，認知的・社会的能力を発達させて活躍できるための環境が整った社会がどのようであるかみなさんも考えてみてください。

おすすめ図書

◎ 板倉昭二（編著）(2014)．発達科学の最前線　ミネルヴァ書房
　近年の発達心理学・発達科学の研究がわかりやすく紹介されています。
◎ Slater, A. M., & Quinn, P. C. (2012). *Developmental psychology: Revisiting the classic studies*. London: Sage.（加藤弘通・川田　学・伊藤　崇（監訳）(2017)．発達心理学・再入門　新曜社）
　発達心理学の重要な古典的研究が現代ではどのように捉えられているかが紹介されています。まずはこの本で紹介されている古典的研究を学び，そしてこの本でその後を知るとより理解が深まるでしょう。

心理学ニュース
子どもは好きだからマネをするわけではない

　みなさんは，子どもの頃に憧れのアニメや特撮のキャラクターのマネをした経験はありますか？　今も，憧れの芸能人やモデルのファッションを参考にして，そのマネをする人は多くいると思います。80年代には歌手の松田聖子さんのヘアスタイルをマネた聖子ちゃんカットが流行し，90年代には歌手の安室奈美恵さんのファッションをマネた人たちがアムラーと呼ばれ社会現象のようにもなっていました。また，現代でも様々なコスプレイベントなどがあり，アニメのキャラクターなどになりきってコスプレしている人たちもいますね。筆者も学生の頃に美容室に行って芸能人の写真を見せて「こんな感じにしてください！」と言ったことがありました（顔が違うのでなるわけはないのですが）。そして，このような外面上のマネだけでなく，その人の仕草や話し方などもマネることがあると思います。それでは，誰かのマネをする人はなぜその人のマネをするのでしょうか。おそらくその人のことを好きだから，憧れているからマネをするのだろうと予測できますね。しかし，今回紹介する研究では，どうもそう単純なものではなさそうだということがわかりました。

　第10章の心理学ニュースで紹介する研究（Wilks et al., 2018）は，子どもたちの内集団バイアスとマネについて調べたものです。内集団とは，自分が所属するグループのことをいいます。自分が所属する内集団と，自分が所属していない外集団の間に能力差などの優劣がない場合であっても，人は内集団の方に好意的・協力的な行動をとる傾向を持ち，それを内集団バイアスと呼びます。これは，実際に自分が所属しているグループだけではなく，実験室でその時に割り付けられるグループ（最小条件集団といいます）においても見られる現象です（Tajfel et al., 1971）。この内集団バイアスが生じるのは，自分が所属する集団の中での自分の評判を気にするからではないかとも予測されていますが（三船・山岸，2015），これから紹介する研究では，子どもがこの内集団バイアスをどう捉えているかということを調べています。最初にも述べたとおり，人は好きな人をマネしたくなるという可能性が考えられます。ということは，こ

の内集団バイアスを考えると，外集団の人よりも内集団の人の方に好意的な印象を持つわけですから，内集団の人のマネをしたくなるはずですね。ですが，ここでもう一捻りして，内集団の人の方が外集団の人よりも感じが悪かったらどうでしょうか。それでも内集団の人のマネをしたくなるのでしょうか。

　この研究では，4〜8歳の子どもたちを対象に，このような場合に子どもはどちらのマネをするのかを調べました。最初に子どもたちは，巾着袋から物を取り出します。子どもたちには取り出したものの色（黄色か赤か）で赤グループか黄グループかに決まることが伝えられます。ここからは赤を取り出した子どもを例に話を進めます。子どもたちは，赤色のバンダナやリストバンドを着け，実験を続けます。実験者からは，自分が赤グループであること，黄グループもあって，その2つのグループは競争関係にあること，赤グループは一致団結して黄グループに勝とうとしていることなどが伝えられます。この時点で，子どもたちは，自分のグループと相手のグループをどれくらい好きであるかを尋ねられます。その後，子どもたちは実験条件か統制条件に分けられ，動画を見ました。動画はチョコレートをシェアする物語とタワーをつくる物語で，以下のようでした。

チョコレート
　実験条件　赤グループの人が「他の人とチョコレートを分けたくない」と言い，黄グループの人が「他の人とチョコレートを分ける」と言う。
　統制条件　どちらのグループの人も「他の人とチョコレートを分ける」と言う。
タワー
　実験条件　赤グループの人が「サムがタワーを作ってる。このタワーを倒してやろう。手助けしたくない」と言い，黄グループの人が「サムがタワーを作ってる。壊れちゃったところを直してあげよう。手助けしたい」と言う。
　統制条件　どちらのグループの人も「サムがタワーを作ってる。壊れちゃったところを直してあげよう。手助けしたい」と言う。

　どちらの物語でも，実験条件では内集団（この場合赤グループ）の人は感じが悪く，外集団（この場合黄グループ）の人は感じが良いですね。統制条件ではどちらも感じが良いです。この後，同じ人が出てくる違う動画を見て，子どもたちはそれをマネします。マネをする内容には，マネをしないと達成できな

い作業とマネをしなくても問題ないものが含まれていました。例えばビーズのネックレスをつくるという内容の場合，ビーズを紐に通すのはマネしないと達成できないですが，おでこにビーズをあてるという作業はマネしなくても達成できます。ここまで終わってから再度，子どもたちは自分のグループと相手のグループをどれくらい好きか尋ねられます。

　さて，みなさんだったら感じの悪い自分のグループの人か感じの良い相手のグループの人かどちらをマネしますか？　今回の研究では，実験条件（自分のグループの人が感じが悪く，相手のグループの人が感じが良い）でも統制条件（どちらのグループの人も感じが良い）でも子どもたちは自分のグループの人のマネをよく行いました。ただ，最後に聞いた「自分のグループと相手のグループをどれくらい好きか」という質問の答えは，実験条件の方が統制条件よりも自分のグループをどれくらい好きかが低得点になっており，反対に相手のグループをどれくらい好きかは，実験条件の方が統制条件よりも高くなっていました。子どもたちは，「感じが悪いから好きじゃないけど，同じチームだし仕方ない」と思って渋々マネをしていたのかもしれませんね。

＊　　＊　　＊

　小山内「子どもたちが内集団というものをどのように捉えているのか気になりますね。大人の場合だと，自分の所属する集団のメンバーとの間に同一化が起きると，メンバーと同じ属性を自分も持っているように感じることがあるそうですが（例えば絵本の魔法使い集団に同一化したら，自分にとって魔法がより身近な存在に感じる，など），そうしたことはどのように発達してくるのでしょうか」

　回答「この研究では，グループを分けられ，相手のグループと競争的な関係にあるというところがポイントかもしれません。競争しているという部分と集団への帰属感という部分とを切り分けにくそうです。もう少し他の研究を行って集団への意識の発達を調べる必要がありますね」

　樋口「『感じが悪い』グループに属していると，そのグループに同調しな

かった時に，よりひどい目にあわされそうな気がしました。チョコレートをもらえなかったり，タワーを壊されたり…。仲間はずれにされるかもしれません。実験条件の子どもはそのような目にあわないため，予防策として周りのまねをしていたということはないでしょうか」

回答「この実験の条件では，同じグループの人に監視されているという状況ではないので，多分そのように考えていた子どもは少なかったのではないかと思います。ただ日常の場面では十分に考えられる現象だと思います。児童期後半以降見られるグループでのいじめなどもそういった現象が問題ですね」

津田「動画を見てそれをマネるという作業には何らかの意味付けは与えられていたのでしょうか？ 例えばその作業をうまくできた方のグループが勝ちになるというような。もしそのような意味付けがあった，もしくは子どもが自発的にそのような解釈をしていたのであれば，自分の所属するグループ同士で協力する（つまり同グループの人のマネをする）ことで相手グループに勝とうとしていたのかなと思いました」

回答「その辺りは論文からは詳しく読み取れなかったのですが，グループ分けの直後に，グループ間の競争的な関係が強調されています。何をもって勝ちとなったのかもわからないので想像ですが，例えば早く課題を終わらせることが勝ちなのであればマネしなくてもいいものをマネするといういわゆるオーバーイミテーションが見られているのは，単純に勝ちにこだわったということではないようにも思えます」

障害児・者心理学

1．イントロダクション

この章では，障害児・者心理学について，以下の4つの構成で述べていきたいと思います。（1）障害とは何か，（2）障害とその特徴，（3）障害に関する心理学理論，（4）障害児・者への心理的支援，です。もちろん，すべてのことがらについて述べているわけではなく，今後学びを深めていくための一つの"地図"を示せればと思います。

2．障害とは

障害児・者心理を考える上で，そもそも障害とは何かを考えてみましょう。この点について，**ICF（国際生活機能分類）** の定義が参考になります。ICFでは，障害を「心身機能・身体構造」「活動」「参加」の3つの次元から捉えています（赤松，2003；中村，2013参照）。心身機能・身体構造とは，例えば手が動かないといった，生理的・身体的なレベルのことです。「活動」とは，日常的な課題（例，文字を書く）に関するものです。「参加」とは，社会的な生活（例，授業を受ける）に関するものです。さらにそれらの機能に影響を与える要因として，個人因子（例えば年齢や体力）と環境因子（例えば教室の構造）を想定しています。そしてこれらは相互に影響し合います。

専門用語が多くなりましたが，ここでのポイントは，「障害」を個人が持っている何らかの困難さだけで捉えるのではなく，様々な活動や社会的生活を営めるか，という環境側の観点からも捉えるということです。ですので，周りから見ると「困難さ」を抱えていても本人としては立派に社会に参加できていれ

ば障害とならず，その逆もまたしかり，といえます。例えば，視力が弱いというのは生理学的な困難さですが，メガネを使用したり，周りの文字が大きく書かれており，そのことによって授業に参加できるとなれば，視力の弱さは障害として現れてきません。このように，障害を考える際は，身体・心理的な機能の不十分さだけに目を向けるのではなく，そのことによって社会生活にどれほど参加できるのか（できないのか）を考えることが重要になってきます。「個人－活動－社会」の関係を見ることで，初めて「障害」を捉えることができるのです。

3．障害とその特徴

　先ほどは大きな視点で障害を見てきました。今度は細かく障害を捉え，その特徴を見ていきたいと思います。

(1) 身体障害

　生まれつき，あるいはその後の何らかの理由によって身体の機能（歩く，見るなど）が十分に機能していない状態のことをいいます。手・足がうまく動かせない肢体不自由，脳の障害によって身体がうまく機能しない脳性まひ，目が見えないか視力が極端に弱い視覚障害，耳が聞こえないか聴力が極端に弱い聴覚障害などがあります。

(2) 知的障害

　知的な能力が全体的に低いことを特徴とします。知的な能力には，学校の勉強に関連するものだけでなく，人とコミュニケーションをとることや生活習慣を営むことも含まれています。知的な能力の低さは，知能検査によって測定された知能指数（IQ）によって判断されます。IQ が 70 以下（統計的には 2 ％程度で見られる）が一つの基準となり，数値が低くなるほど重度と判断されます。

(3) 発達障害

　何らかの脳機能の障害によって低年齢で見られる障害を発達障害といいます。広義には知的障害や脳性まひも含まれますが，日本の「発達障害者支援法」では，広汎性発達障害，学習障害（LD），注意欠陥多動性障害（ADHD）などが挙げられています。広汎性発達障害とは，対人コミュニケーションに困難があり，また何らかのことにこだわる（固執）傾向を特徴とします。自閉症やアスペルガー障害など細かく分類されていましたが，現在では「自閉スペクトラム症（ASD）」として統一されることもあります。学習障害（または限局性学習症）とは，基本的には全体的知的能力に遅れはないのですが，聞く・話す・読む・書く・計算する・推論するなどの能力のうち，ある特定のものに非常に困難を示す障害です。注意欠陥多動性障害（または注意欠如・多動性障害）は，不注意・多動・衝動性を特徴とした障害です。落ちつきがなかったり，一つのことに集中できなかったり，あるいは整理整頓ができにくかったりなどの行動が見られます。あくまでも「脳機能の障害」が仮定されており，いずれも本人の努力や育て方の問題ではありません。

(4) 精神障害

　文字どおり，精神の機能に何らかの障害を持っているものです。詳しく述べることはできませんが，妄想などを特徴とする統合失調症，気分の浮き沈みを特徴とする双極性障害（そう・うつ病），強い不安を感じる不安障害，社会・文化的な基準から極端にずれた行動・性格を示すパーソナリティ障害などがあります[1]。

4．障害に関する心理学的理論

　ここでは，障害がどのように発生し，どのように機能するのかに関する心理学的な理論について述べたいと思います。ただし，障害に関する心理学理論は数多く提案されています。それらすべてを紹介することはできませんが，障害

---

[1] アメリカ精神医学会の診断マニュアルの最新版（DSM-5）の訳語では異なる診断名で表記されることもあります。

を捉えるいくつかの立場について，筆者なりの整理をしたいと思います。

(1) "欠損" 論

障害は，通常備わっている（何らかの）機能がない，あるいは十分機能していないことによるものである，という視点を，ここでは"欠損"論と呼んでおきます。例えば，自閉症の人が示す特徴は，人の「心」について考える能力が弱いからであるという「心の理論」欠損仮説（e.g., Baron-Cohen, 1991; Baron-Cohen et al., 1985）や，ADHDの特徴は行動を調整する「実行機能」という能力がうまく働いていないからである（e.g., Yasumura et al., 2014; 安村ら, 2015）といった説明がこれにあたります。言葉としてはネガティブなイメージですが，その人の困難をしっかり把握する上では大事な視点といえます。

(2) "特性" 論

障害は，通常とは異なる形で（何らかの）機能が働いていることによるものである，という視点を，"特性"論と呼びたいと思います。とくに自閉スペクトラム症に関しては，世界の捉え方そのものが通常とは異なることが当事者から語られたり（e.g., 小道, 2009；ニキ, 2005），近年では脳科学的にも通常とは異なる形で情報処理を行っていることがわかってきています（Happé & Frith, 2014；千住, 2012）。つまり，「通常の機能がない」のではなく「違う機能がある」という視点といえます。障害を「困難」と捉えるのではなく，「多様性」として捉える重要な視点です。

(3) "学習" 論

「障害」は，学習の結果生じたものである，という視点を"学習"論と呼んでおきたいと思います。ここでの"学習"とは，学校の勉強のようなものではなく，刺激と刺激の間の関係性が理解される，という意味です。例えば，いくら注意しても騒がしい子どもは，むしろ「騒ぐ→先生から注目される」という関係性を学習したからこそ騒いでいるのかもしれない，と分析する視点です。実のところ「障害」のメカニズムそのものの説明というよりは，すべての人（動物）も含めた行動の原理に関する理論ではあります（e.g., 藤原, 1997；奥

田, 2012)。また, その人の内面というよりは行動面に着目するという特徴もあります。しかし, 障害を個人の属性にするのではなく, 環境との相互作用から捉える視点は重要です。

(4) "関係"論

「障害」は, 物理的・対人的環境との関係によって生じたものである, と捉える視点を, "関係"論と呼んでおきます。この視点はとくに, 精神障害を説明する上でよく用いられます。長年続く虐待的な環境が解離や愛着障害といった問題につながる (e.g., 北川, 2005；杉山, 2007), ストレスフルな職場環境が適応障害やうつを引き起こす (e.g., 岡田, 2013), などが例として挙げられます。先の"学習"論と異なる点は, 環境が直接に影響するというよりも, それがその人の精神世界にどう受け取られるのかを重視するところにあります。これは, 障害を特別なものとしてではなく, 誰にでも生じうることであると捉える視点を提供します。

(5) "発達"論

「障害」とは, 発達の過程によって形成されるものであるという視点を, "発達"論と呼びたいと思います。障害をもともとあるもの, 変化しないものとして捉えるのではなく, その人の人生の時間軸において変化していくものと捉える視点です (e.g., Karmiloff-Smith, 1998)。また, 特徴的な障害の状態にのみ焦点を当てるのではなく, 一見その障害とは関係のないようなものも含め, 全体的に捉えるという特徴もあります (e.g., 赤木, 2011；白石, 2009)。抽象的な概念が多く, 近年はあまり着目されていない立場ではありますが, 一見「問題」と思える行動・特徴の背後にあるその人(子ども)の意味を捉える上で非常に大事な視点です。

一言で障害の心理メカニズムといっても, その前提となる立場は様々です。これらはどれが一番良いかというものではありませんが, 着目する点が異なれば, 次に述べる支援の方向性も変わってきます。心理専門家は, 障害児・者支援を行うにあたり, どのレベルで「障害」を捉えているのかをしっかり把握す

ることが重要です[2]。

5. 障害児・者への心理的支援

最後に,障害児・者への心理的支援について述べたいと思います。細かな実践技法を挙げれば,身体・感覚面に働きかける臨床動作法,行動面に働きかける応用行動分析,環境構造に着目したTEACCH,感情面に働きかける遊戯療法やカウンセリングといった,多種多様なものがあります。ここでもまた,これら細かな技法の詳細については述べず,心理的支援の方向性を少し大きな枠組みで整理したいと思います。

筆者は,心理的支援の方向性として,「適応」と「創造」の大きく2つがあると考えています。「適応」とは,障害児・者が抱える困難をなくしたり社会に適した状態へと変化させる方向性です。これは,障害児・者の社会参加を促す上で大事な方向性だといえます。一方,「適応」の視点に立ちすぎると,社会側からの要請を押しつけるだけになってしまい,本人なりの意味を無視してしまう危険があります。そのような事態を避けるために,「創造」の方向性を考えておきたいと思います。ここでの「創造」とは,障害児・者の中に新たな意味・世界が形づくられていく,そして社会そのものを新たにつくっていく方向性です。

具体的に,トイレ(排泄)の自立が困難な子どもの事例を考えてみましょう。このような場合,トイレの自立ができるような支援がなされていきます。その際,トイレの自立の目的が「周りに迷惑をかけないため」や「社会的に不適切だから」といった社会への「適応」を求めるだけでは,その子にとってのトイレの意味が無視されてしまいます。

では,トイレの自立の意味とは何でしょうか。近藤(1989)はこの点について,「排泄するということは,尿意にもとづいてするという生理的な行為であるとともに,あそびや学習や労働という次の活動に,より集中し力一杯取り組めるようにからだの調子を整えるという人間的文化的な行為」(p. 40)である

---

[2] 「遺伝」の要素に着目する生物学的な視点や,「社会」の意識・制度から障害を捉える社会学あるいは福祉学の視点も重要であることを付け加えておきます。

と述べています。つまり，トイレ自立の支援とは，本人の中に「生理的な欲求にとらわれず，次の活動の準備を行える」という新たな世界を「創造」していく支援であるといえます。

　同じ「トイレ自立」の支援であっても，それを社会の側から見た「適応」の方向性で展開するのか，本人の中の意味を考慮した「創造」の方向性で展開するのかで，捉え方がまったく異なるものになります。「結果はどっちみち同じではないか？」という疑問もあるかと思いますが，やはり違います。なぜなら，「適応」の方向性だけでは，効率が求められ，失敗が許されにくくなるからです。社会的に不適切な状態があれば，それは早くなくなるほうがよいし，失敗なく改善するほうがよい，と思うのは自然なことです。しかし障害児・者にとって（そして誰にとっても）「早く」「失敗なく」変化を求められることは，苦しい状況だともいえます。一方，支援を「創造」のプロセスだと捉えれば，そのペースは本人がつくっていくものであり，失敗もまた創造の一つのプロセスであると捉えることができます。そこでは「ゆっくり」「失敗してもよい」支援が展開されていくでしょう。

　残る問題は，そのような「ゆっくり」「失敗してもよい」支援ができる環境が，今の社会で保障されているか，ということです。現状は，必ずしも可能な状況ではないといえます。もしそうなら，このような支援が可能となるような社会を「創造」していくこともまた，心理専門家には求められてきます。今ある社会を前提に「適応」を求めるだけではなく，障害児・者本人，そして私たち自身が住みやすい社会を「創造」していくことが，今後の心理的援助の大事な方向性であると思われます。

6．まとめ

　この章では，障害とは何か，という大きな話から入り，細かな障害分類，その背景にある心理メカニズム，そして支援の大きな方向性について述べてきました。理解しづらい用語が多かったかもしれませんし，「概論」と呼ぶにしても非常に大雑把な議論でした。しかしこのことがまた，「障害」を考えることの複雑さを示しているともいえます。今回示したような"地図"をより広く，

より正確にしていくために，さらなる探求が求められます。

おすすめ図書

◎ **赤木和重（2017）．アメリカの教室に入ってみた：貧困地区の公立学校から超インクルーシブ教育まで　ひとなる書房**
　日本とアメリカの「インクルーシブ教育」の違いを，具体的な子どもの姿をもとに論じるとともに，今後のインクルーシブ教育の方向性を示唆した読みやすく面白い一冊。

◎ **茂木俊彦（2003）．障害は個性か：新しい障害観と「特別支援教育」をめぐって　大月書店**
　必ずしも最新の知見を紹介したものではなく，専門用語も多いのですが，今回紹介した障害を捉える心理学的理論のそれぞれの立場について，より深く学べます。

心理学ニュース
私たちも学びたい！──エコール KOBE の挑戦

　今この本を読んでいる人は，大学に行っている（行っていた）方がほとんどだと思います。一見当たり前のように思える「大学」ですが，それが選択できない人たちがいます。知的障害を持つ人たちです。「大学全入時代と言われる時代にあっても，（中略）知的障害者にとって，高等部を出た後の選択肢として，就職か福祉就労かという二者択一が当たり前」（岡本ら，2013, p. 3）なのです。言い換えると，知的障害の人たちは 18 歳で社会に出ることを「強制」されているといえます。しかし，彼ら・彼女らにも，18 歳以降の「ゆっくりじっくり」の学びの機会があってもいいのではないでしょうか。

　この現状を変えるべく，知的障害者のための「大学」をつくろうという動きが，今全国で起こっています。今回取り上げる本『福祉事業型「専攻科」エコール KOBE の挑戦』もまた，知的障害を持つ人たちの高等教育を保障する学びの場，エコール KOBE の立ち上げとその取り組みを紹介したものです。エコール KOBE とは，株式会社 WAP コーポレーションの社長である岡本正さんが，「知的障害の人にも（こそ），高校卒業後の学びの機会を保障すべきではないか」という思いのもと，立ち上げられた学びの場です。神戸市長田町の地下街に，一連の教室が設置されています（図 11-1）。福祉制度を活用しつつ，特別支援学校高等部の卒業後，2 年間の教育を行います。ちなみに「エコール」とは，フランス語で学校を意味します。

　エコール KOBE には 3 つの柱があります。(1) 本物の体験，(2) 自分から学ぶ，(3) 仲間とともに，です。どれも詳しく述べたいのですが，ここでは (1) と (3) について簡単に紹介します。

　(1) 本物の体験の一つとして，エコール KOBE では，エコール新喜劇を行っています。そう，吉本新喜劇のエコール版です。しかも，単にマネしているというわけではなく，外部の作家さん（砂川一茂さん）に台本を書いてもらい，上演するのです。私も一度見ましたが，学生それぞれの個性を活かした絶妙な配役で，非常に面白かったです（図 11-2）。ここで注目したいのは「本

11 障害児・者心理学　133

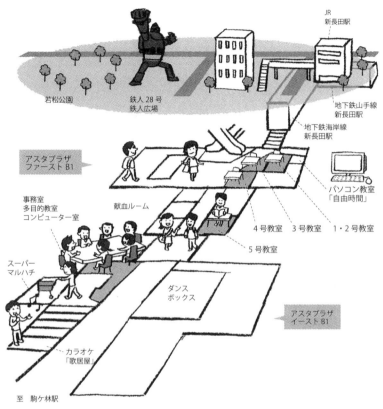

図 11-1　エコール KOBE の地図

物」が持つパワーです。当初，劇に消極的だった学生が，ぐんぐんと活動に引き込まれます。また，気分の切り換えが難しい学生が，舞台が始まる前にしっかり気を取り直し，役を演じ切るというエピソードも紹介されています。おそらく単なる劇活動では，このような姿は見られなかったのではないでしょうか。プロが真剣につくってくれた「ちょっとやそっとじゃ体験できないもの」だからこそ，彼らは惹きつけられたのだと思います。(他にも，吉川先生による「冒険教育」があるのですが，残念ながら割愛…。すごく面白いのでぜひ読んでみてください。)

　(3) 仲間とともに，では，青年期にいる学生だからこその仲間との協働や葛藤が迫力を持って紹介されています。私がとくに印象的だったのは，自分に

図 11-2　エコール新喜劇の様子

とってイライラくることに対して殴りかかる太陽くんのエピソードです。ある日，エコール KOBE 近くのホテルのランチバイキングで食事をしていた時のことです。太陽くんは同じエコールに通う由佳さんという好きな女性がいるのですが，由佳さんには彼氏がいます。二人が一緒に座る姿を目にしてスイッチが入り，突然殴りかかったのです。その場は大混乱になりました。その後，この事件について学生同士で話し合い，もう一度太陽くんをエコールのみんなで受け入れていくことを確認します。残念ながら再び大暴れする事件を起こし，その後は時間差登校を行っていく中で，家庭やエコールでも落ちついていったとのことです。本では「青年期の激しい感情のぶつかり合いや恋愛の問題，気持ちの行き違いなどによるもつれを一つひとつていねいに対応していく，根気強いかかわりが求められます」(p. 105) と述べられていました。

　さて，エコール KOBE の取り組みが心理学にどう関係するのかと思われるかもしれませんが，私は今後の障害児・者心理（支援）に大きなインパクトを与えると考えています。それは，心理支援において「悩める活動」を設定するということです。従来の心理支援は，悩みが生じた時に，それを抑える（なくす）という方向で展開されます。しかしエコール KOBE では，むしろ心の揺

さぶりや葛藤を引き起こすような活動が展開されています。それが先ほど紹介したような「ちょっとやそっとじゃ体験できない（ゆえに不安な）体験」であったり，「仲間との感情のぶつかり合い」だといえます。ただしそれは意図されたものというよりも，結果としてそうなったという方が正しいかもしれません。というのも，どの実践においても，実践する側（先生たち）の方が悩んでいるように見えるからです。ともあれ，ともに悩み，それを乗り越え，あるいは抱えながら生きるという視点は，悩まさない・悩みをなくすという方向とは一線を画した，新たな心理援助のあり方を導くものではないでしょうか。

みなさん自身，自分の学生生活（あるいは教育実践）を振り返ってみた時に，どれほど「心揺さぶる本物の体験」がなされているでしょうか。現在の大学の状況を見ると，不安なところがあります。だからこそエコールKOBEの取り組みは，障害者問題というよりむしろ，社会全体が取り組むべき課題を提起してくれているように思います。ゆっくりじっくり学ぶというのは，「障害児・者」の問題ではなく，「みんな」の問題なのです。

　　　　　　　　＊　　　＊　　　＊

古見「心揺さぶる本物の体験というのは人員や時間の余裕も必要で，そして本人も周りもとても疲れるものですよね。その分，達成感や成長も大きなものだと思います。こんな取り組みがもっと広まってほしいですね」

回答「そう思います。ただご指摘のように，心揺さぶる体験は疲れますし，それ以上に葛藤や悩みなど，「自分」を根本から変えていく体験でもあると思います。ですのでそこにはある種の危険性も伴っています。取り組みを広げる際は，このような危険性にもしっかりと目を向ける必要があると思います」

津田「全人教育の理念に近いものを感じます。小学校などではそのようなことが自然と成立している教室もあるかもしれませんが，科目ごとに教員が分担を行う中学以降では教員の資質としても教育システムの問題としても現状ではなかなか実現が難しそうですね（部活動がこれまで伝統的にそのような役割を担ってきた側面は指摘できるかもしれません）。学校内だけで解決するのでは

なく学校外のリソースを積極的に活用するという方向性なども今後は重要性を増すように思います」

　回答「現在の教育システムでは「心揺さぶる体験」が設定しにくいというのはそのとおりだと思います。ただしそれは実践者側が自分たちの設定した活動に「心揺さぶる」ポイントを見出していないからでもあると思います。たとえ科目が分かれていたとしても，あるいは分かれているからこそ，数学なら数学，体育なら体育のその中に「心揺さぶるもの」を設定することは（現状でも）可能だと思います」

　小山内「こういった取り組みはとても貴重だと思いました。同時に，エコール KOBE の先生方は，『本物の体験』の舞台を用意するだけでなく，偶然起こった出来事や状況を逃さずに『本物の体験』に変えていく技術を持っているのだろうと感じます。どうしたら，そんな技術を磨くことができるのか，そのような人材をどうやったら養成することができるのか，考えていかないといけないですね」

　回答「私の考えとしては「失敗を分かち合える職員集団」が大切ではないかと思っています。エコール KOBE の実践の面白いところは「予想した通りこうなった」といった成功例が出てこないところです。むしろ「失敗」にオロオロする場面が印象的に描かれています。しかしその失敗を実践者同士で共有し，そこから自分たちの大切にしていることを再度見つけていくプロセスがあります。失敗を個人の責任にするのではなく，みんなで解決するものという雰囲気が，偶然を必然に変える一つの力ではないかなと思います」

　樋口「エコールの仲間とともに悩んで乗り越える過程で，仲間とのつながりが密接になる一方で，知的障害を持たない人たちとのつながりを弱めてしまう人が出てしまわないかが気になりました。なにかを成し遂げる体験や感情のぶつかり合いを通して多くを学び，仲間との結束が強くなると思うのですが，エコールの外の人たちと関わるということも学生の自立につながるのではないか

と思います」

　回答「重要な問いだと思われますので，少し長めに回答したいと思います。まず事実として，エコールの実践は決してエコールの中だけで行われているものではないということです。例えばエコール新喜劇は地域の人に開かれた公演をしていますし，他大学との研究交流会というのも行っています。なによりエコールそのものが新長田という地域に根差した設立背景を持っていますので，その意味では「エコールの外の人たちと関わる」機会がエコールには存在します。ただしそれは，「知的障害を持たない人とのつながりをつくる」や「自立に向かう」ことが目的ではなく，あくまで社会適応すべしと追い立てられてきた知的障害者の青年期（ゆっくり学び，不安や葛藤を通してかけがえのない自分を作る時期）を保障するという文脈の中での実践であることは再度強調しておきたいと思います」

動物・進化心理学

1. 進化とは

(1) ヒトと進化

　様々なヒトの行動や心をもっと理解したい——大半の読者の方々が，このような思いを持っているのではないでしょうか？　ヒトを理解することは，自分自身を知ることだけでなく，他者を知ることにつながります。これは，多くの他者と関わり社会を営む私たちヒトにとって，重要な事柄です。ではヒトの行動や心は，どのように理解していけば良いのでしょうか？　一つの方法として，「動物としてのヒト」を考えるというアプローチがあります。他の動物と同様，ヒトは進化の産物です。ヒトを含むすべての動物は連続的な存在であり，それぞれの環境に適応して進化を遂げました。つまり，動物の行動や心を探ることは，進化の視点からヒトの行動や心を理解することにもつながるのです。動物心理学・比較認知科学・進化心理学といった学問は，基本的にこの発想に基づいています。

　ヒトと動物の連続性を初めて提唱した人物は，ダーウィンです。19世紀中頃，ダーウィンが進化の理論を説いた著書である『種の起源』(Darwin, 1859)を刊行すると，生物学のみならず様々な学問に大きな影響を与えることとなりました。ダーウィンはこの本の中で，進化を引き起こす最も重要な過程として自然淘汰（自然選択）を挙げています。自然淘汰は，以下のようなメカニズムによって生じます。

① 生物は，生き残るよりも多い数の個体を産む。
② 生物には，同じ種であっても様々な変異（形質の違い）が見られる。
③ 変異には，生き残る確率や残せる子の数に影響を及ぼすものがある。

④ 変異の中には，親から子へ遺伝するものがある。

　これらの条件を満たすことで，その環境においての生存や繁殖に有利な変異が集団内に広がり，結果として進化が生じます。ここでキリンを例にとって，具体的に説明しましょう。まず，キリンの首には変異があり，様々な長さの首を持つ個体が生まれるとします。そのうち首の長いキリンは，高い木の葉も食べられるため，より広範囲の食料を獲得できます。そうすると食料が乏しい環境になった際には，首の短いキリンよりも，広範囲の食料を食べられる首の長いキリンが生き残る確率が高くなります。そして，その首の長い特徴が子へと遺伝する場合，集団内に長い首を持つ個体が段々と増えていきます。これが何世代も繰り返されることで，首が短いキリンよりも生存に有利な首が長いキリンのみ生き残っていきます。長い首という形質が，食料が乏しいという特定の環境において有利に働き，**適応的な形質**となったのです。これが，自然淘汰による形質の進化です。もちろんこのような進化は，動物の形質や行動のみに生じるのではありません。動物の持つ心の特性や認知能力も進化の対象となります。つまりすべての動物において，身体的な特徴や行動・心の特性は，それぞれをとりまく環境へ適応し変化してきた進化の結果なのです。

(2) 進化に関する誤解

　ヒトは進化の最終産物であり，進化の頂点に立っているというような考えを持つ方がいます。遠い昔，単純な構造の単細胞生物から複雑な構造を持つ生物が出てきた後にヒトが生じたという事実，もしくはヒトは地球上に最も広く生息して様々な資源を利用する動物であるという現状から，このような考えに陥るのかもしれません。しかし，ヒトは進化の過程で他の動物と枝分かれした一つの動物であるだけで，進化の最終地点にいる特別な存在ではありません（図12-1）。さらに近年の遺伝的研究から，ヒトと同じく哺乳類サル目ヒト科に属するチンパンジーは，ヒトと同じ祖先から約500〜600万年前に分岐し（Ruvolo, 1997），DNAの塩基配列はヒトと1.2％しか違わないことがわかっています。つまりヒトは，特別な動物などではなく，チンパンジーやボノボ，ゴリラ，オランウータンとともに**哺乳類霊長目**（霊長類とも呼ばれる）**ヒト科**の一種として存在するだけなのです。他の動物と同じように，置かれた環境に適応

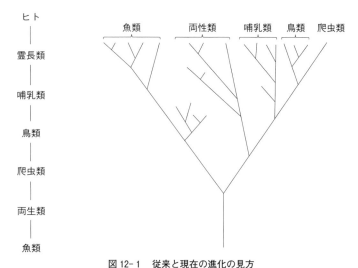

図 12-1　従来と現在の進化の見方
左は従来考えられていた間違った進化の見方：はしご型の進化，右は現在考えられている進化の見方：枝分かれ型の進化。

していく中で様々な行動や心の特性を身につけて進化して，ヒトという動物種が生まれました。つまり，ヒトの近くで進化の過程をたどった近縁種の霊長類，さらにはヒトとは別の進化の過程をたどった多くの動物種において，その行動や心の特性を探り比較することは，ヒトという動物の心の起源と発達を理解するための重要な手がかりとなるのです。

2．動物の心と行動を探る

　先ほど述べたように，ヒトも含めた動物は進化の産物であるため，その心や行動も遺伝的情報に基づいて発生し発達していきます。さらにその過程では，必ず周りの環境要因が影響を与えます。時間を経る中で環境や状況が変われば，心の中の情報処理の仕方やそれをもとにした行動も変化します。この変化の中で最も典型的で重要な機構であり，動物が生きていく基盤となるものに，**学習**と**記憶**があります。動物の「学習」や「記憶」に関する研究は，これまでの動物・進化心理学の発展に大きな影響を与えてきました。

(1)「学習」からのアプローチ

　ダーウィンの視点と進化の概念の影響を受けたロマーニズは，言葉で問うことのできない動物の心の働きを理解するために，動物の学習過程からアプローチするという研究手法を考えました（Romanes, 1883）。その後，動物の学習過程に関する基礎的研究が発展していきました。中でも一番有名な研究は，ロシアの生理学者であるパブロフ（I. P. Pavlov）が行ったイヌの唾液腺の反応についての研究でしょう。これは，「古典的条件づけ」もしくは，パブロフ型条件づけと呼ばれています。古典的条件づけは，意思とは無関係に起きる反射的な反応に関する学習を示します。一方でアメリカの心理学者であるスキナー（B. F. Skinner）は，動物が意識的に行う行動に関する学習である「オペラント条件づけ」を研究しました。その後もアメリカの心理学者たちが，様々な実験を行いました。ハーローは，サルを用いて一連の形式を持つ弁別課題を行い，ある刺激に対しての特定の反応だけでなく，課題に共通した対処能力も学習できることを示しました（Harlow, 1949）。これを**学習の構え**（**学習セット**）といいます。ソーンダイク（E. L. Thorndike）は，ネコやウサギ，ラットが「試行錯誤学習」によって問題箱から脱出することを示し，動物たちの問題解決能力を明らかにしました。一方ドイツの心理学者であるケイラーは，チンパンジーの手が届かない場所にバナナがあった際，チンパンジーが動きを止めた後に一気に箱を積み上げてバナナを得る行動を観察し，チンパンジーが「洞察学習」によって問題解決をすることを示しました（Köhler, 1925）。

　条件づけや問題解決といった学習はすべて，複数の刺激を提示することで刺激間に連合が起こって反応が変化する連合学習の一種です。一方，単一の刺激に対して反応が変化する非連合学習には，無害な刺激に対する行動反応の低下（馴化）と過剰な刺激に対する行動反応の増大（鋭敏化）が知られています。このような連合学習や非連合学習は，実験のみならず自然環境下においても，ヒトを含む動物が環境に適応していくために重要な機構です。

(2)「記憶」からのアプローチ

　動物の心の働きを知るためのもう一つの重要なアプローチは，「記憶」に関する研究です。すべての行動を本能的に行わない限り，動物は記憶を基盤とし

て生きています。記憶には大きく分けて，3種あります。一瞬のみ感覚器に保持されるのは感覚記憶といい，感覚記憶よりも保持時間が長く注意があるものは，短期記憶となります。短期記憶が何度も繰り返され深く処理されると，長期間保持される長期記憶となります。20世紀の初めにアメリカの心理学者であるハンターは，動物の記憶の保持を調べるための**遅延反応**という課題を考えました（Hunter, 1913）。2つの部屋のうち一方のみに数秒間明かりをつけ，その部屋に入れば餌を得られるという仕組みをつくり，様々な遅延時間をもうけて，明かりが付いた部屋を選べるかを検証するという課題です。近年では，これを発展させた「遅延見本合わせという課題」がよく用いられています。試行開始時に見本刺激である1つの刺激を提示し，見本刺激が消えて一定の遅延時間後に提示した複数の刺激の中から，見本刺激と同じものを選択すれば餌が得られるというものです。このような遅延見本合わせ課題は，記憶に影響する様々な要因（見本の提示時間，遅延時間など）を独立に変化させやすく，多くの動物において**短期記憶**を調べるために使われます。遅延時間後に提示されるものが見本刺激と異なる「象徴見本合わせ課題」という手順もあります。「Y字迷路」や「放射状迷路」を用いた空間的課題も，主にラットやマウスを対象に行われてきました（Vincent, 1915; Olton & Samuelson, 1976 など）。その他には画面に一瞬だけ表示されるランダムな数字の羅列を順に選ぶ数順記憶の課題など（Inoue & Matsuzawa, 2007），様々な手法によって「短期記憶」が検証されています。

　長期記憶の検証には，主に刺激と反応を連合する課題が用いられます。クックらは，3年にわたってハトとヒヒに大量の写真と左右スイッチへの反応の組み合わせを丸暗記させました。ハトは最大1,200枚を記憶し，さらにヒヒは最大5,000枚を記憶して3年以上経っても学習の限界に達しなかったようです（Fagot & Cook, 2006）。またベランらは，チンパンジーに事柄を示す図形文字を学習させて，約20年経っても図形文字の記憶が保持されていたことを報告しています（Beran et al., 2000）。食べ物の貯蓄をする性質がある鳥類においても，高い長期記憶能力が確認されています。クレイトンらはカケスを用い，カケスが「なにを」「どこに」「いつ」隠したかを記憶できること，エピソード記憶の要素の一つである，What, Where, Whenを記憶する能力（WWW記憶）

があることを示しました（Clayton & Dickinson, 1998）。これまで WWW 記憶を思い出して未来を考えることができるといった**エピソード記憶**は，ヒトのみが持つという考えが主流でしたが（Tulving, 2005），近年の研究により，マウスやラット，カササギといった動物にもこのような記憶（エピソード記憶と区別して，エピソード様記憶とも呼ばれています）が存在することが示唆されています（マウス: Dere et al., 2005; ラット: Babb & Crystal, 2006; カササギ: Zinkivskay et al., 2009）。しかしまだ議論は続いているため，今後，多くの動物種において対象動物の生態的特性に合った実験課題を実施し，進化的視点からより深く検証していくことが重要だと考えられます。

3．ヒトとは何かを考える

(1) ヒトとヒト以外の動物との比較

　ヒトと他の動物との違いとして，みなさんは何が思いつくでしょうか？　ヒトは常に直立二足歩行をします。このような歩行ができる動物は他にいません。また火を使って調理をする動物も，ヒト以外に存在しません。道具の加工や利用に関してはどうでしょうか。ヒトだけではなく，哺乳類（霊長類，ゾウ，リス，ラッコ）や鳥類（カラス，フィンチなど）から無脊椎動物（ジカバチ）まで，実に多くの動物が餌を得るために道具を使用することが知られています。そのうちとくに道具利用に長けたチンパンジーは，各種食べ物を得るために適した道具を作成できることが知られていて，さらに道具利用の技術が文化のように複数集団に広がることもわかっています。

　ヒトは複雑な口と喉の構造から多様な音声を発し，単語を組み合わせた長い文脈を用いた会話もすることができます。他の動物は，ヒトほどの複雑な音声や長い文脈は用いることができません。しかし鳥類や霊長類では，言語訓練によって様々な単語を組み合わせ，物の色と形と数を記述したり，ヒトと会話ができるようになったりすることが示されています（オウムのアレックス，ボノボのカンジ，チンパンジーのアイなど[1]）。またヒトが用いる単語のように，物事を意味する音声を使い分ける動物もいます。有名なのは，ベルベットモンキーの例です。彼らは異なる捕食者に対し異なる警戒音声を持ち，それらを使

い分けて各捕食者に対応した行動をとることができます（Seyfarth & Cheney, 1993）。その他，鳥類のオスの歌（さえずり）には，学習するにあたってヒトの言語のように臨界期があることや，地域ごとの方言が存在することがわかっています。ヒトとまったく同じように言語を使うわけではありませんが，動物たちにも様々な面で似たような機構があるのです。

　ヒトは複数の他者と協力しあったり，手助けをしたりすることが特徴的と言われています。一方ヒト以外の多くの動物でも，他者に協力的行動を示すことが確認されています。二者間の協力を調べる有名な実験方法に，**協同ひも引き課題**があります。これは，二者が同時にひもを引かないと餌を得られないような装置を用い，互いに協力し合って餌を得られるかを検証するものです（図12-2; Hirata & Fuwa, 2007）。この手法は現在も様々な動物で適用され，動物たちが餌を分かち合う気前の良さをもつ相手を選んだり（Melis et al., 2006; Brosnan et al., 2006），互いにタイミングを合わせるために行動を調整したりすることも確認されています（Plotnik et al., 2011）。自然環境下でも，ザトウクジラやシャチ，ライオン，オオカミ，オマキザルなどの種で，多個体で協力して狩りをすることが観察されています。また血縁関係に関わらず協力するという**互恵性利他行動**も，サカナと掃除者（サカナやエビ）間からチスイコウモリの特定個

図12-2　協同ひも引き課題の配置図例
2頭が同時にひもを引けば，石が動いてリンゴを得られるが，1頭のみで引くとひもが抜けてしまい，リンゴを得られない。

1　アレックスは，ブランダイス大学のアイリーン・ペッパーバーグが飼育し研究していたオスのヨウム（アフリカ産のオウム）です。その類まれな言語能力から，鳥類は低度の知性しか持たないという当時の既成概念を大きく覆しました。カンジは，ジョージア州立大学言語研究所のスー・サベージ・ランボーが研究していたオスのボノボです。キーボードを使ってヒトと会話をしたり，料理をしたりできることで有名です。アイは，日本で松沢哲郎が研究していた京都大学霊長類研究所にいるメスのチンパンジーです。タッチパネル画面を用いて，様々な色や数を記述したり数を記憶して順に並べたりする学習に長けていることで有名です。

体間，チンパンジーの同集団内オス間に至るまで，様々な事例が確認されています。このような協力とは対照的に，動物もヒトと同様に他者を欺くことがあります。**マキャベリ的知性仮説**を唱えるバーンは，チャクマヒヒの群で，子が他者を欺く様子を観察しました。自分の母親よりも下位のメスが球根を食べている際，子は"嘘の"悲鳴をあげて母親を呼びました。やってきた母親が下位メスを追い払い，そして母も去った後，子は下位メスが食べていた球根を食したというものです（Byrne & Byrne, 1995）。特にヒヒやチンパンジーで多く観察されるこのような欺き行動は，チドリやニワトリでも存在する可能性が示されています（Marler et al., 1991; Ristau, 1991）。

　以上のような行動は，昔はヒトのみが持つ特徴だと考えられていました。しかし近年の研究により，このような複雑な心の働きや行動の多くが，動物でも確認され始めているのです。ヒトも含めた動物のこれらの行動には，彼らの社会構造が関わっていると考えられています。

(2) 社会性と認知能力

　ヒトは重層的な社会を築いています。家族，地域社会，職場，市，国，世界までを含めるような社会は，動物界ではヒトに特有だといえます。ダンバーは**社会脳仮説**を唱え，ヒトを含む霊長類の社会性の複雑さが脳の進化（とくに脳のうちの新皮質）を促進したと考えました。また複数の霊長類で比較したところ，新皮質が占める比率の多さと群の大きさに相関があることがわかりました。霊長類でもとくにサルと類人猿では，恒常的なメンバーで群れを築きます。そのため群が大きいほどメンバーに関する社会的情報は複雑になり，それらの情報に効果的に対処するために，新皮質が拡大し社会的知性（仲間と関わる中で発揮される知性）が発達したということです。社会的知性の一つで他者が何を思っているかといった他者の心的状態を察する能力は，**他者理解**もしくは**心の理論**といわれます。この能力は，自己と他者の違いを認知することや，他者の視線からその心を推測する能力とも関連します。このような能力はこれまでヒトに特有だと信じられてきましたが，最近の研究から，他の動物にも存在すると考えられるようになりました。ヘアらは，二者間の競争的場面においては，順位の低いチンパンジー個体が相手も見えている方の餌よりも障害物により相

手に見えていない方の餌を，より頻繁に選ぶことを見つけました（Hare et al., 2000）。この後も，とくに霊長類やカラス類などを対象に，同種間における他者理解能力の研究が盛んに行われていますが，イヌやウマでも，ヒトに対して他者理解の基盤となる能力があることが示され始めています（Kaminski et al., 2009; Ringhofer & Yamamoto, 2017 など）。イヌやウマといった動物は，霊長類のように進化上はヒトと近くはないですが，元来社会性の高い動物で，ヒトとも密接に生活してきました。近年盛んになっているイヌの研究からは，イヌが近縁のオオカミやヒトと近縁のチンパンジーよりも，ヒトに似たコミュニケーション能力を持つことがわかってきました。**家畜化の過程**でヒトと長く関わることによって，イヌはヒトに対して特化した社会的知性を発達させたのではないかと考えられています（Hare & Tomasello, 2005）。ウマの研究はまだ少ないですが，ヒトの表情や行動を敏感に察知する能力を備えていることがわかっています。一番有名な例は，ヒトが気づかないほどのかすかなヒトの動きに反応し，どんな計算課題も正解できて話題になった，クレバーハンスでしょう（Pfungst, 1911）。イヌとウマは，ともにヒトから訓練を受けてヒト社会で似た役割を持ちますが，彼らの本来の生態的ニッチや社会は異なります。これまで，ヒトと進化的に近い動物種であるチンパンジーやボノボなどの研究を通して，ヒトの心の理解が進んできました。これに加え，イヌやウマといったヒトと社会的に近い動物種の社会的知性を研究することで，「ヒトとは何か」を考えるにあたっての，新たな視点が得られるのではないかと期待しています。

おすすめ図書

◎ 藤田和生（編）(2015)．動物たちは何を考えている？―動物心理学の挑戦―　技術評論社

　動物心理学がどのような学問なのかを知るための導入として，とても良い本です。様々な方法を用いて動物の心を解き明かしていく研究の数々を，楽しくわかりやすく説明してあります。

◎ 長谷川寿一・長谷川真理子（2000）．進化と人間行動　東京大学出版会

　進化生物学的視点をもって動物の一種としてヒトを捉えることで，どのように人間の心や行動を理解できるのかを論じている本です。この本を読めば，ヒトの心や行動への理解がより深まると思います。

心理学ニュース

ヒト主体の視点を取り払って動物の心を探ることの重要性

『動物の賢さがわかるほど人間は賢いのか』（de Waal, 2016 柴田訳 2017）この本は，まず題名からインパクトがあります。さらにブルーとグレーを基調とした表紙には，眼光の鋭いコクマルガラスの写真が記載されています。コクマルガラスは，ノーベル賞を受賞した動物行動学者のローレンツ（K. Z. Lorenz）も熱心に研究し，著者自身も子ども時代に親しんだ動物です。しかしこの本のインパクトは，見た目だけではありません。内容も実に魅力的で，ユーモア，正確さ，わかりやすさを兼ね備えています。ヒトを含む動物の心や行動に興味を持つ方々に，まず初めに読んでいただきたい本だと思います。著者であるドゥ・ヴァール博士は，霊長類研究の第一人者で，専門は動物行動学です。エモリー大学心理学部教授で，ヤーキーズ国立霊長類研究センターのリヴィング・リンクス・センター所長，故国オランダにあるユトレヒト大学の特別教授でもあります。幼い頃から動物に親しんだドゥ・ヴァールは，オランダのフローニンゲン大学で学んだ後，ユトレヒト大学で，表情と情動の専門家であるファン・ホーフのもとで，霊長類の行動について研究し，博士号を取得しました。これまで『あなたのなかのサル』（早川書房，2005年），『チンパンジーの政治学』（産経新聞出版，2006年），『共感の時代へ』（紀伊國屋書店，2010年），『道徳性の起源』（紀伊國屋書店，2014年）など日本語訳された著書も多くあり，世界中で翻訳されています。

この本でドゥ・ヴァールは，新たに「進化認知学」を提言し，ヒトも含めた動物の認知に関する研究を見つめ直そうとしています。この本の優れている点は，主に以下の3点です。

まず，一般読者にも読みやすいように難しい言葉遣いは避けながらも，動物に関する生き生きとした逸話から最新の緻密な実験研究の例までを示すという点です。この語り口によって，読者に親しみを持たせつつも広く深い知識を提供してくれます。自らの観察に基づく逸話では，研究対象のチンパンジーが「先を考える」ような行動をしたことを挙げています。この話では，チンパン

ジーたちが夜に逃げ出して建物を走りまわった後，翌朝ドゥ・ヴァールらが見た時にはすでに檻に戻ってきちんと鍵を閉め，寝床で寝ていたそうです。そのため当初は彼らが逃げ出したことに気づかなかったらしいのですが，建物の廊下に彼らの落し物があったことから，発覚したようです。このようないたずらは，彼らに意図や情動があることを想定せざるを得ないと，ドゥ・ヴァールは述べています。また，知性的にもなじみが薄い無脊椎動物であるタコの驚くべき行動についても挙げられています。タコはガラス瓶に閉じ込められても，瓶のふたを押し上げながら回していくという複雑な作業を行ってふたを開け，瓶から逃げ出すことができるそうです。さらに，タコは擬態によって水中植物や海洋動物を真似る能力を持っていることが知られていますが，擬態ができるのは，タコが他の生物を観察してその習性を学習しているためであるという指摘もあるそうです。タコのような無脊椎動物は，解剖学的にも社会構造においても脊椎動物と大きく異なります。それなのになぜ脊椎動物で観察されてきたような高い認知能力を持つのか，ドゥ・ヴァールは大いに興味を持っています。他の多くの動物心理や認知科学に関する本は，難しい言葉が羅列され複雑な理論がたくさん記載されていて，なかなか読み進めづらいこともあります。一方で動物に関する一般向けの本は，容易にする代わりに情報が不十分な場合や，最新の科学的知見が含まれていない場合が多くあります。この本は他の動物についての一般書とは大いに異なり，動物の心や行動に関する研究の歴史的背景から最新の研究まで，豊富な事例を正確に示しています。以上のことから，一般読者から研究者まで幅広い読者層を満足させることができる本であると感じます。

　さらにドゥ・ヴァールは，学問の歴史的背景を網羅的に整理して鋭い視点によって巧みに考察し，新しく問題を提起することで，読者が自ら再考するように導いています。例えば，上述したソーンダイクの問題箱を例に挙げながら，ローレンツが提唱した「全体的な考慮」の重要性を述べています。ソーンダイクの実験が行われて何十年もした後，ネコが問題箱から脱出できたのは知的な行動などではなく，実は報酬であるエサの有無に関係なく優しそうなヒトがいるだけで脇腹を擦りつける，という挨拶行動によって引き起こされたということがわかったのです。ここから得られる教訓は，動物の行動を研究する際には，

一部の行動を綿密に検討する前に，その動物の全体像を把握することが重要だということです。

　最後にドゥ・ヴァールは，ヒト以外の動物の心を探る際には，動物をヒトの土俵で判断するのではなく，ヒトが動物と同じ土俵に立って検証することの大事さを強く説いています。これまで多くの人々は進化に関する誤解を維持したままヒトの基準であらゆる動物を判断し，その結果によって，動物にはその認知能力がないと結論づけてきました。しかし，各動物の認知能力は異なる基準のもとで進化し特殊化しているので，人間中心的な単一の尺度で比べても意味がないのです。このような尺度によって結果にバイアスが生じることも指摘しています。各動物の土俵でその生態に則した実験が行われなければ，その動物が真に持つ素晴らしい知性は明らかにならないでしょう。例えばタルビングが動物にはエピソード記憶がないといったことに対しては，先述のカケスの例を述べながら，エピソード記憶の定義に言語を通してしか知り得ない自覚的な側面を重視することは，間違いだと述べています。エピソード記憶も，人間主体で定義したものを動物にも当てはめようとしている一例でしょう。動物の心や行動を探求する研究者が，これを常に心に留めて動物の行動を観察・実験することは，動物の知性をより適切かつ公平に理解することにつながり，ヒトの心の理解を進化的視点からさらに深めるために，非常に重要だと考えられます。

＊　　＊　　＊

　古見「動物の行動や表情を人間本位に読み取ってしまうのは危険な気がします。動物を飼っていたり，TVで動物が出てくる番組を見たりする人も多いと思うのですが，動物の心について考える時にはどんなことに気をつければいいでしょうか？」

　回答「確かに動物を飼っている人やテレビ番組の中では，動物の行動や表情を人間本位に読み取ってしまっていることが多いかと思います。テレビなどでは，その動物が持つ性質の一部しか扱わず，偏った情報を視聴者に与えることも多くあります。この際大事なのは，一つの情報のみに頼るのではなく，ヒトとヒト以外の動物が違うことを意識し，その動物本来の生態や性質を念頭に置

いて様々な情報を得てから，その心について考えることだと思います」

　津田「動物の行動や認知能力を検討する時には人間中心的な尺度ではなくその動物が本来生息する生態環境との関わりから捉える必要がある，というのは本当に重要なことだと思います。それは動物行動の理解だけでなく，人類学的視点として，また人間の日常行動の環境・状況依存性という観点など心理学の幅広い領域に通底する思想でもあり，心というものを考える上での不可欠な思考的態度であるように思います」

　回答「そのとおりだと思います。人間も動物なので，動物心理学に大事な思考的態度は，人間の心理学にも反映できると考えています」

　小山内「ソーンダイクの問題箱実験が，実はそばにいる優しそうな人間によって引き起こされていたというのは，かなり驚きですね。心理学者は心の働きを行動から推測しますが，その推測が実は間違っているかもしれないということを，動物たちはまさに行動で教えてくれている気がします。心理学の実験を行ったり，論文を読んだりする時には，そういうことにもっと注意しなければならないんですね」

　回答「そう思います。ソーンダイクによるネコの問題箱実験だけでなく，世界中で有名になったクレバーハンスの例でも，計算ができるという当初の推測が間違っていました。心理学実験を行う際には，様々な説明可能性を考慮しながら，起きている現象の全体像を捉えるよう注意する必要があると思います」

　樋口「動物の行動の背後で起きていることを知るために，神経科学的な手法を用いることが有効な場面が多々あるのではないかと思いました。例えば，意図や情動についての記述がありますが，脳イメージング（脳活動の測定と画像化）によってそれらの神経基盤が動物とヒトでどのように違うのか，あるいは共通しているのかを明らかにできるかもしれません。動物でイメージング実験を行うことはかなり難しそうですが，そのような試みはあるのでしょうか」

回答「動物でも人間と同様に，PET や fMRI を利用した脳イメージングの研究が行われています。ラット，マウス，マーモセットやイヌといった動物において，彼らの行動の背景にある脳の働きを検証する試みがなされています。また最近の研究では，人口発光システムを用いて，長期にわたって非侵襲的に高次脳機能を観察できる技術も開発されています。このような最新技術を用いることで，ヒトを含む動物の心の神経基盤に，進化的背景からさらに迫っていくことができると期待しています」

13 心理的アセスメント

1. 心理的アセスメントは,なぜ必要か?

　心理職として,クライエント(カウンセリングなど心理療法を受ける人)にアプローチを行う際,「何に困っているのか」,「何が問題なのか」,「どのような支援方法が適切なのか」を把握する必要があります。そのために,クライエントの心理的側面に関する情報を収集し,分析することを**心理的アセスメント**といいます。これに基づいてクライエントが抱える問題の全貌をつかもうとすることを出発点とし,支援の計画や目標の立案,支援方法の選択がなされ,後の介入効果の測定や評価にもつながります。心理的アセスメントは,心理的支援の重要な土台であり,アセスメントがきちんと行われて初めて支援を進めることが可能になるといえるでしょう。

2. 心理的アセスメントで,何を把握するのか?

　クライエントは何らかの問題に直面し,自力では解決するのが難しいために心理的支援を必要としています。心理的アセスメントでは,まずクライエントの主訴(しゅそ)を聞くことが大切です。主訴とは,なぜ今援助を求めているのか,要するにクライエントが「何に困っているのか」を指します。しかし,主訴として語られた(示された)内容は,必ずしもクライエントが直面する真の問題や解決すべき問題とは言えない場合もあります。心理職は,心理的アセスメントを通じて「何が問題なのか」を明らかにするため,様々な情報収集を行います。
　表13-1に,心理的アセスメントで収集すべき基本情報を示します。もちろん,クライエントの状況や主訴,支援を行う場(医療,教育,福祉,司法な

ど）によっても，何を把握するのかは異なります。

表13-1 心理的アセスメントで収集すべき基本情報
（下山，2008；沼，2009；金沢ら，2018を参考に筆者が作成）

基本情報	・氏名，年齢，性別 ・現在の職業・学校
主訴（現病歴）	・相談に至った経緯，問題の開始時期やきっかけ ・他機関の利用状況，相談歴
生育歴（既往歴）	・出生前・出生時：母親の妊娠・出産時のトラブル，出生体重 ・乳幼児期：身体発達，言語発達，社会性の発達，保育所・幼稚園における適応状況および先生から指摘されたこと ・就学以後：健康状態，学習状況・成績，教師や友人との関係，部活動や課外活動，小中学校・高校における適応状況および先生から指摘されたこと ・病歴や障害の有無
身体的側面	・病気や疾病，身体症状 ・睡眠，食欲の状態，その他健康面での特記事項
心理的側面	・精神症状 ・認知や言語等の知的側面 ・情緒や情動の側面 ・趣味や嗜好，性格
社会的側面	・過去から現在までの家族歴：親，兄弟，配偶者，子どもの状況 ・職歴，経済状況，地域のサポート資源の利用状況 ・友人，職場，支援者などとの対人関係
他機関からの情報	・（他機関の利用がある場合のみ）諸検査結果，現在までの経過
非言語的情報	・姿勢，しぐさ，視線，表情 ・見た目（服装・持ち物など）

3．心理的アセスメントは，どのように行うか？

　心理的アセスメントでは，以下に記す面接法や観察法，心理検査法など種々の方法を組み合わせて用います。どの方法を用いるかは，クライエントの主訴や現在の状態などに合わせて選択するほか支援を行う場（医療，教育，福祉，司法など）によっても異なります。

(1) 面 接 法

　面接法は，対面的やりとりの中で相手を理解しようとする方法です。面接法

の中でも，①**構造化面接**（事前に決めた質問項目に従い，内容や順序は一切変えない），②**半構造化面接**（質問項目は決めておくが臨機応変に表現や順序を変えたり，追加したりする），③**非構造化面接**（事前に質問項目を決めず，自由なやりとりの中で進める）の3つに分けられます。

　面接法の長所として，クライエントの語りだけでなく，表情や身振りなど非言語的コミュニケーションに関する情報も得られる点が挙げられます。さらに，双方向的なやりとりを通じて行うので，より正確により深くクライエントのことを捉えられます。短所としては，信頼関係を形成しながら行うため面接者の力量に依存しやすい点や，面接者の主観が反映されやすい点があります。

(2) 観 察 法

　観察法は，自然な状況や一定の時間や場面のもと，クライエントの行動や様子を観察する方法です。観察法の中でも形態により，①**参加観察法**（その場に参加し，クライエントと関わりながら観察する）と②**非参加観察法**（クライエントと一切の関わりを持たず，ビデオなどを用いて観察する）に分けられます。

　観察法の長所として，他の方法を用いることが難しい乳幼児や障害児・者，高齢者，精神疾患者も対象にできる点，クライエントへの拘束が少なく，より自然な状態を知ることが可能な点が挙げられます。短所としては，客観的なデータを得るために観察者への訓練を行い，観察されたデータの扱いにも注意しなければならない点があります。

(3) 検 査 法

　検査法で用いる心理検査には，①精神症状や発達障害の特性，性格特性などに関して質問文に回答する**質問紙法**，②知能指数（Intelligence Quotient：IQ）を測定する**知能検査**，③乳幼児を対象に知能だけでなく，運動機能も含めて評価する**発達検査**，④隠れた人格特性や無意識の欲求，感情を明らかにする**投影法**などがあります。質問紙法は比較的実施が簡便ですが，その他は検査の実施から結果の算出，分析まで一連の手続きに熟練を要します。クライエントを多面的に捉えるため，複数の検査を組み合わせて用いることを**テストバッテリー**といいます。数多く実施すればよいというわけではなく，それぞれの目的や特

質に従って必要最小限の検査を組み合わせることが求められます。また，心理検査においては結果だけでなく，実施時の行動観察も有用な情報となります。

　検査法の長所として，標準化された（＝統計的に信頼性が高い）検査を用いると，客観性の高いデータが得られ，クライエントだけでなく専門家間でも共通理解するための材料となる点が挙げられます。短所としては，心理検査ではクライエントの限られた一面しか捉えることができない点，実施する検査の種類によってはクライエントの負担が大きい点があります。

　どの方法をとっても，面接や観察，検査から得られた情報だけでなく，関係機関からの情報や背景情報なども含めて包括的にアセスメントを行うことが不可欠です。心理的アセスメントそのものが，クライエントにとって役に立つものでなければなりません。また，心理的アセスメントの結果をまとめて所見を作成し，フィードバックを行うのも，心理職の重要な役割の一つです。とくに，心理検査の結果を報告する際には，結果が示す内容，解釈について平易な言葉で説明し，数値が独り歩きしないように留意しなければなりません。

　他方で，一見して些細なことでも，重要な心理的アセスメントとなる場合もあります。親子関係のアセスメントには，親子の身だしなみが項目に含まれます（松原ら，2016）。心理検査の実施法を習得していなくても，面接に熟練していなくても，服装や持ち物を観察することは可能です。心理職の「小さな」アセスメントが，児童虐待等の早期発見や，クライエントがなかなか言語化できないメッセージを読み取る「大きな」ヒントとなり得るでしょう。

4．心理的アセスメントにおける倫理

　心理的アセスメントにおいては，重大な個人情報を扱うことになり，クライエントの内面に深く立ち入ることとなります。明確な指針のもとで倫理的配慮を行い，クライエントを「守る」ことが大切です。支援を進めていく上でいくら必要な情報であっても，収集する過程でクライエントを傷つけたり不快にさせたりしてはいけません。心理的アセスメントにおける倫理の主な問題として，**インフォームド・コンセント**と**個人情報の取り扱い**の2点が挙げられます。

(1) インフォームド・コンセント

心理的アセスメントの目的や内容，結果（生じる可能性のある利益および不利益も含む）についてクライエントに「説明」し，「理解」してもらい，クライエントの「合意」を得ることをインフォームド・コンセントといいます。クライエントが子どもの場合であっても，保護者への説明だけでなく，子どもの理解に応じた説明も行われるべきです。

(2) 個人情報の取り扱い

平成 29（2017）年に施行された公認心理師法において，**秘密保持義務**が掲げられ，違反者には刑罰が与えられる（課される）と定められています。心理的アセスメントを通じて得られた情報は，他者に漏らしてはなりません。秘密を口外することのみならず，心理検査結果などの保管方法や保管場所についても注意が必要です。

一方，心理師には他職種との協働，すなわち情報の共有も望まれます。この場合，クライエント本人に「誰に」，「何を」，「何のために（何の目的で）」情報を提供するのか伝え，同意を得ることが必須です。また，情報を共有するチーム内で個人情報の取り扱いについて共通理解・対応することも大切でしょう。

5．支援を進めながらのアセスメント

ここまで，心理的アセスメントの概要を述べてきましたが，アセスメントはクライエントが抱える問題を明らかにするための情報収集として欠かせないものです。しかし，すべてのアセスメントを終えてから支援をスタートするわけにはいきません。最初に収集した基本情報に沿って心理的支援を行っていくと同時に，アセスメントを継続しつつ，支援の進め方を調整する必要があります（図 13-1）。当然のことながら，支援を進める中で新たなアセスメントを要する場合もあるでしょう。

病理である患者の疾患を確定する医学的診断とは異なり，心理的アセスメントでは広範な情報をもとに，クライエントのことを総合的に理解しようとしま

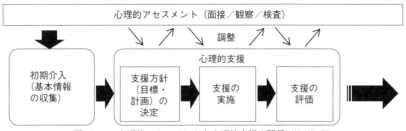

図 13-1　心理的アセスメントと心理的支援の関係（筆者作成）

す。そのため，アセスメントは絶えず行われ，その結果をもとに，支援目標や方法について再評価していくことが求められます。

6．クライエントの強みや可能性も明らかにするアセスメント

　アセスメントは常に，クライエントを理解しようとするまなざしのもとで行われ，クライエントにもそのように受け取られるよう行われることが大切です（岡崎，2012）。心理職に限らず，支援者はクライエントの問題，つまり弱い部分や周囲を取り巻く環境など改善が望ましい点に目を向けがちです。しかし，クライエントの強み（＝得意な部分や潜在的可能性，どのようなサポート源があるかなど）を見つけることも，心理的アセスメントを通じて可能となります。

　近年，医療や福祉，教育など様々な対人援助の領域で注目されてきた**エンパワーメント**という概念があります。三島（1997）によれば，エンパワーメントとは，自分自身の人生に対して無力感や疎外感を抱く人が自らの力に気づき，引き出す過程や結果を指します。心理的アセスメントの結果からクライエントの問題を捉える上で，クライエントが自身の強みや可能性について知ること自体が解決に向けた大きな一歩となるのです。

おすすめ図書

◎ 上里一郎（2001）．心理アセスメントハンドブック　西村書店
　知能やパーソナリティ，状態・症状など心理的アセスメントで用いる検査の概要や解釈法が網羅されています。付録に心理検査一覧もあり，目的別で検査について知ることができるでしょう。
◎ 下山晴彦（2008）．臨床心理アセスメント入門―臨床心理学は，どのように問題を把握するのか　金剛出版
　臨床心理学でクライエントの問題をどのように捉えるか理解できます。事例も交えつつ，様々な視点から問題を包括的にアセスメントする「生物-心理-社会モデル」の枠組みが詳説されています。

心理学ニュース
21世紀の現代に望まれる，創造性（creativity）のアセスメント

　学生のみなさんの中には，近い将来，就職活動に勤しむ人も多いと思います。現代社会で求められている力は，どのようなものだと思いますか？　経済産業省（2006）は多様な人々とともに仕事を行っていく上で必要とされる基礎的な能力として，「社会人基礎力」という3つの能力を挙げています。そのうちの，「考え抜く力（シンキング）」に創造力が含まれます。創造（creativity）は，現実にないものを思い浮かべる想像（imagination）とは異なり，これまでにない新たなものをつくりだすという意味です。創造力に関しては，これまでも研究が重ねられてきましたが，急速に変化する情報社会で必要な力として，日本だけでなく世界中で注目されています。

　心理的アセスメントの一環として，個人の能力や認知特性（＝理解する，整理する，記憶する，表現するなど情報処理の方法）を測定する検査が数多く開発され，実施されています。これらの検査には，事前に集めた膨大なデータから内容を検証し，解釈の基準を設ける標準検査も多く含まれます。すなわち，結果の信頼性（＝繰り返し実施しても結果が安定しているか）や妥当性（＝測定しようとするものを正確に捉えているか）が高いとされています。しかし，キムとザベリナ（Kim & Zaberina, 2015）は先行研究の知見をまとめ，標準検査の結果には文化的背景が影響し，言語や文化などが異なり相対的に人口の少ない少数民族と，そうでない多数派の民族との間には大きな差があることを報告しました。また，標準検査である知能検査や学力検査に限らず，グループ活動での様子や教員による聞き取りなど日常的なアセスメントも文化の影響を受けると示しました。

　そこで，キムとザベリナ（Kim & Zaberina, 2015）は，従来から行われてきた心理的アセスメントに加え，創造性のアセスメントの実施が有用と提案しています。創造性のアセスメントには，性別や民族性によってあまり差がないことがこれまでの研究で明らかにされています。大学入試で創造性を併せて測定することにより大学1年目の成績が予測できる（Sternberg et al., 2006）上，

民族集団の差を減らすことが可能で，実際にアメリカでは入学試験に創造性のアセスメントを含む大学も見られます。さらに，経済状況などの理由で十分なサービスを受けられていない集団において，学業，芸術，リーダーシップなど特定の分野で著しく高い才能をもつギフテッド（gifted）の子どもを識別できる可能性も指摘されています。他にも，創造性と外向性（＝興味や関心が外に向けられ行動的で社交的な性格特性）の関連が示され（Puryear et al., 2017），他の能力や人格特性とのつながりを調べる研究が増えつつあります。

　では，創造性のアセスメントとは具体的にどのようなものでしょうか？　有名な課題の一つに，一定時間内に日常生活でよく使われる物の用途をできるだけたくさん挙げさせる Alternative Uses Task（代替用途テスト；Guilford, 1967）があります。例えば，ペーパークリップの用途としては，一般的な紙をまとめること以外に，本のしおりや機械のリセットボタンを押す，イヤリングや髪留めなどといった使い方もありますね。他に，Torrance Test of Creative Thinking（トーランス式創造性思考テスト；TTCT）（Torrance, 1998）のように，提示された図形や線をもとにイラストを描き，流暢性や独創性，発展性などの視点から評価を行う課題もあります。

　サイード・メタワリら（Said-Metwaly et al., 2017）は，創造性の測定に関する研究知見をまとめました。近年，多くの研究が行われていますが，創造性の狭い側面しか捉えていない，実施条件による影響で結果が一貫していないなど方法上の問題や限界を挙げています。今後さらに研究が進めば，日本の入学試験や就職試験においても，学校の勉強で身につけた知識とは別に，創造性を問う課題が標準的に導入される日はそう遠くないかもしれません。また，心理的アセスメントを行う際，創造性の課題を含むことによってクライエントの知られざる能力や新たな可能性を引き出すことも可能となるかもしれません。

＊　　＊　　＊

古見「創造性のアセスメントは難しそうですね。検査する側が思いもよらない創造性を発揮された場合，それだけで OK とするのか，その内容をどう評価するのかなど評価基準をつくるのが大変そうです。多ければそれで良いというわけではなさそうだし…」

回答「現在，創造物（量的／質的）だけでなく，創造過程や創造的な個人の性格特性，創造性が湧きやすい風潮や雰囲気など，あらゆる評価基準が使用されています（Said-Metwaly et al., 2017）。ただし，それらは相互に作用し合っていることから，単純に各々を合計したものが創造性とはいえません。また，創造性（creativity）の定義が未だ明確になされていません。当然ですが，創造性をどのように定義するかによって，どの評価基準を用いるかは異なってきます。今後，まずは創造性をどう定義するか，どの側面を評価すべきか一致させていくことが求められます」

津田「アセスメントの場面における創造性とは，基本的には個人に内在する特性と見なされているのでしょうか。しかし，創造性は必ずしも個人の活動からのみ発揮されるとは限らず，他者とのインタラクションを通じて生み出されるという側面も強いと思います。任天堂のような創造的な製品開発を継続的に行える企業には，それを促進するような組織内の風土や土壌があることがしばしば指摘されます。属人的ではなく，社会的能力としての創造性を評価できるようなアプローチがあると良いと思いました」

回答「アセスメントを通して個人に内在する特性としてだけでなく，つくり出したアイデアの量や質，状況についても評価されることになります。指摘通り，どのような風土や土壌が創造性を育むのか，ということが明らかにされる必要があります。他者との関わりにより創造性が引き出される人，そうでない人もいるでしょう。学校教育においても，教育基本法前文に「創造性」が掲げられている一方，現場の教員は創造力の育成をそれほど重視していないという実態もあります（齋藤，2011）。どのような状況であれば創造性が発揮できるのかについての検討は重要な課題です」

樋口「創造力は『これまでにない新たなものを作り出すこと』と書かれていますが，今までにないような新しいものであるにもかかわらず，それが『新しい』ということがわかるというのは，新しくないものの知識に支えられているのでしょうか？　また，個人の創造力が認められるためには，まわりの人にも

アイディアを『新しい』と思ってもらわなければいけないわけですから，まわりの人も新しくないものを知っている場合に創造力が認められるのかなと思いました」

　回答「『これまでにない新たなものを作り出すこと』というのは，経済産業省（2006）の挙げた社会人基礎力における定義です。が，創造性（creativity）の定義は国内外で，未だ明確に一致していません。しかし，新規性と有用性を含む産物を生み出す程度，プロセス，環境間の相互作用という点は共通しています（Plucker, 2004）。確かに，創造的であるか否かを決定する新規性と有用性の判断は，必然的で主観的かつ創造者以外の評価者によって行われます（Piffer, 2012）。すなわち，創造性は創造者の内部で完結するものではなく，社会文化的なものであるといえます。他に，創造性の土台には知識があり，知識の獲得と同時に模倣の雛形に触れ，知識が消化される中で新しい物が生まれる（菅原，1999）という見方もあります。となると，性別や民族性に大して影響を受けない，という創造性のアセスメントの有用性が揺らいでしまいます。性別や文化を越えた評価基準をつくっていくことが最大の課題かもしれません」

　小山内「創造性は『能力』なのでしょうか。『心理傾向（特性）』なのでしょうか。ある創造性のテストをしたとして，それに高い得点をマークした人が，1年後も3年後も，あるいは場所や周囲の人間が変わっても，一貫して高い創造性を発揮できるのかは疑問ですよね。そうした課題をクリアすることが，真の創造性を測定するためには必要な気がします」

　回答「現時点では，創造過程や創造物（≒能力）と創造的な個人の性格特性（＝特性）の他，創造性が湧きやすい風潮や雰囲気など，あらゆる側面から創造性の測定が行われています（Said-Metwaly et al., 2017）。創造性を測定する手段については，信頼性と妥当性がこれまでも多くの研究で争点となっています（Batey et al., 2010）。しかし，自己評価および観察者による創造性の評価尺度において，高い信頼性（$\alpha = .70$ 以上）を示した研究（Cropley, 2000）もあります。一方，妥当性についてはどの評価基準も創造性の特定の側面しか捉え

られていないという点で問題視されています。しかし，妥当性を確保できても，創造性の評価尺度一つでは，その人を包括的に捉えられるわけではありません。創造性の測定にあたっては，状況（個別・集団）や条件（課題内容等）に依拠する点が非常に大きいことが特徴でもあり，問題点でもあります（Said-Metwaly et al., 2017）。よって，現在すでに用いられており，比較的安定性の高い知能検査などとテストバッテリーを組む形での使用が望ましいと考えます」

14 心理学的支援

1.「心理学的支援」とは？

　本章では，心理学の知識や技術を用いて支援するという営みについて，解説します。「心理学的支援」と聞くと，カウンセリング，心の治療，といったイメージを持つ人も多いと思います。そうした理論や技法は「**臨床心理学**」という学問としてまとめられているのですが，それらについて触れる前に，まず「支援」について考えてみましょう。「支援する」とは，どのような行為なのでしょうか。

　支援という行為には，支援を受ける人，支援する人，支援する内容，という3つの要素があります（図14-1）。「支援する人」の専門資格を定めた公認心理師法第2条には，**公認心理師**の業務として，「心理に関する支援を要する者」に対して①心理状態を観察しその結果を分析すること，②心理に関する相談に応じ援助を行うこと，そして③その関係者に対して相談に応じ援助を行うこと，の3つが掲げられています。支援する人は，支援を受ける人と支援する内容について，十分に理解していなくてはなりません。

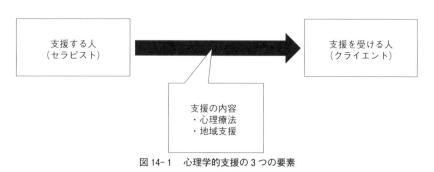

図14-1　心理学的支援の3つの要素

「支援を受ける人」とは，どのような人なのでしょうか。うつ病や統合失調症，不安症，PTSD など，精神疾患を持っている人やその疑いのある人は，支援を必要とする人々の中に含まれます。しかしそれだけではなく，不登校や家庭内暴力など子育てに関する問題，DV などパートナーとの関係の問題，自分の身体の病気に関係する悩み，自分の家族に関する悩みなど，様々な問題を抱えた人々が，心理学的支援の対象となります。ロジャーズ（Rogers, 1957）は，カウンセリングを受ける人について「individuals in distress」，すなわち「悩みや苦痛にさいなまれた人々」と表現しました。その意味で，現実の生活の中で起こるあらゆる問題が心理学的支援の対象となる，といえるでしょう（角野，2008）。

本章では，支援する人が支援を受ける人やその関係者に対して提供する「支援の内容」を紹介します。以下，支援を受ける人を「クライエント」と呼び，支援する人を「セラピスト」と呼ぶこととします。

2．臨床心理学の成り立ち

心理学という学問が成立したのは 19 世紀後半になってからですが，それまでにも，心理的な問題や悩み，苦痛を経験した人々はたくさんいたはずです。当時，彼らへのケアを担っていたのは宗教やコミュニティでした（岩壁，2013）。しかし，18 世紀から 19 世紀になると，科学的な方法での支援が登場し，例えば，身体的な症状の一部を**催眠**（hypnosis）によって緩和できることが注目され始めます。そうした催眠療法を学ぶ一人であった**フロイト**（S. Freud）は，催眠中にそれまで忘れていた出来事を思い出した患者の症状が治まったという経験から，自分で意識できない心の領域に症状の原因があると考え始めます（牛島，2000）。フロイトはこの考えを**精神分析学**として体系化しました。

現在，心理学的支援で用いられる理論や技法は，多くがこの精神分析学から発展したり，あるいは批判の中から提唱されたりしたものです。例えば，**ユング**（C. G. Jung）は，フロイトのもとで長く学ぶ中で，無意識の中にある自己治癒力と個性化という側面の重要性を唱えるようになります。彼はフロイトの

もとを離れて分析心理学という独自の理論を作り上げていきました。一方, アドラー (A. Adler) もフロイトのもとで学びましたが, 無意識のエネルギーとして性的欲動を中心に扱うフロイトとは異なり, 個人の主体性や行動の目的などを重視する理論を提唱し, 個人心理学と呼ばれるようになりました。

これに対し, ワトソン (J. B. Watson) の研究などの流れを汲む学習心理学は, 人間の行動がどのように環境によって操作されるかを明らかにしてきました。こうした学習心理学の研究成果をもとに, 心の問題に対してアプローチする「**行動療法** (behavioral therapy)」が体系化されていきました。

さらに, 第2次世界大戦後には, アメリカを中心に, 人の行動や無意識ではなく人間そのものに注目すべきだという, **人間性心理学**をもとにした理論が形作られます。**ロジャーズ** (C. R. Rogers) は, クライエントのことを一番知っているのはクライエント自身であるとして, セラピストがクライエントに指示をしない来談者中心療法を提唱しました (東山, 2003)。

1960年代以降になると, 人間の「認知」に関する研究が蓄積し, 認知心理学という分野が成立しました。そうした流れを受けて, 心の問題の要因として「考え方」としての**認知**に注目する実践家が現れました。**ベック** (A. Beck) は, 抑うつへのアプローチとして認知に焦点を当てた治療を行い, やがてこれが「**認知療法** (cognitive therapy)」へ体系化されていきます。現代では, 行動療法と認知療法はその理論や技法に共通点が多いことから, 「認知行動療法」として統合されるようになっています (今野, 2005)。

心理学的支援を研究する学問としての臨床心理学は, **ウィットマー** (L. Witmer) が1896年にアメリカのペンシルベニア大学に心理学クリニックを設立したことに始まります (丹野, 2015)。しかしここまで見てきたように, 心理学的支援には表14-1に示すような4つの大きな理論があり, それぞれが相互に影響しあったり批判したりしながら, 臨床心理学として発展してきたので

表14-1 臨床心理学の代表的な理論

背景となる理論	代表的な提唱者	心理学的支援法	主な概念・キーワード
精神分析学	フロイト	精神分析療法	無意識, 自由連想法
学習心理学	ワトソン	行動療法	条件づけ, 暴露
人間性心理学	ロジャーズ	来談者中心療法	無条件の積極的関心, 共感的理解
認知心理学	ベック	認知療法	認知のゆがみ, スキーマ

す。

3．心理学的支援の理論

　心理学的支援は，第2節で述べたような様々な理論に基づいて行われます。支援の内容は大きく分けて「クライエント本人に対する支援」と「クライエントの周囲に対する支援」に分けることができます。

(1) クライエント本人への支援

　クライエント本人に対して行う支援の多くは，「**心理療法**（psychotherapy）」と呼ばれます。心理療法には，以下に述べるような様々な種類があります。

　精神分析（psychoanalysis）は，最も早くから理論化され実践されてきた心理療法です。提唱者のフロイトは，人間の心の領域を意識と無意識，その中間の前意識に分ける局所論，心の機能がエス，自我，超自我の3つに分けられるとする構造論など，多くの理論をまとめました。フロイトはこれらの理論に基づき，心の問題は無意識に抑圧された未解決な課題が表面化したものであるとして，自由連想法といった，クライエントの無意識を探るための様々な技法を作り上げました。

　精神分析はフロイトの死後，アンナ・フロイト（A. Freud）やクライン（M. Klein）といった多くの後継者によってさらに発展しました（成田，2005）。前者はクライエントの無意識に関する理論を，後者は他者との関係にも焦点を当てた理論を提唱し，現代では，それらをふまえた様々な支援技法が構築されています。

　ロジャーズが提唱した**来談者中心療法**（client centered therapy）は，対話によって心理的な支援をするカウンセリングをはじめとした，心理療法全体に関連する理論です。ロジャーズは，カウンセリングにおけるセラピストの態度を重視しました（佐治ら，1996）。そして，心理的な支援が効果を発揮するためには，セラピストが① クライエントの前で純粋な存在としてあること，② クライエントに無条件の積極的な関心を持っていること，③ クライエントの

体験を共感的に理解しようとしていること，の3つを満たしている必要があると指摘しました。

認知行動療法（cognitive behavioral therapy）は，行動療法と認知療法をまとめた支援技法です。まず，行動療法では，心の問題を行動の問題として捉えなおし，条件づけなどに基づいた技法によって行動を消去したり，より適応的な行動の学習を促したりすることによって支援します。一方，認知療法では，心の問題の背景には，そのきっかけとなった出来事とその出来事に対する考え方（認知）があると捉え，この認知の偏りをクライエントとセラピストが一緒に考えていくことで支援します（坂野，1995）。

クライエントが子どもである時には，言葉を用いた支援には限界があります。そうした場合には，遊びという活動を通した心理療法が行われます。**遊戯療法**（play therapy）では，子どもと一緒に遊んだり，子どもの遊びを観察したりしながら，遊びのなかに表れる子どもの認知，感情や無意識的な心理を捉え，それらを解放するような遊びを通して支援していきます。遊戯療法は，精神分析理論や認知行動理論などそれぞれの理論に基づいて行われます。

以上の4つは，クライエントが主に個人であるときに用いられる心理療法ですが，家族全体を対象とする場合や，複数のクライエントが集まったグループを対象とする場合には，それぞれ異なるアプローチを行うことがあります。

家族を対象とした心理療法は**家族療法**（family therapy）と呼ばれます。家族療法には多くの学派がありますが，共通しているのは，家族を一つの「**システム**」として捉えるという視点です（亀口，2005）。これは，家族は単なる個人の集まりではなく，メンバー間の相互作用によって一つのまとまりとして機能しているという考え方です。家族療法を行うセラピストは，家族の一人を対象とするのではなく，メンバーの相互作用を注視し，システムを変化させるような支援を行います。

グループを対象とした心理療法は「**集団療法**（group therapy）」と呼ばれます。集団療法として有名なものにはモレノ（J. L. Moreno）が創始した心理劇（psychodrama）があります。これは，セラピストとクライエントが舞台上で即興の劇を作る過程で悩みなどを表現し，メンバーの相互作用によってその軽減を図るというものです（増野，2005）。一方ロジャーズは，来談者中心療法

の技法をグループに適用したエンカウンターグループ（encounter group）を確立しました（東山，2003）。グループでの活動は，1対1の心理療法とは異なる相互作用があることが注目されており，集団療法は，心理的な成長や対人関係の改善などを目的として行われています。

(2) クライエントの周囲への支援

　心理学的支援は，クライエント本人だけに焦点を当てていたのでは十分とはいえません。例えば，不登校になった子どもが学校のスクールカウンセラーのところへ心理療法を受けに行くのは難しいでしょう。また，虐待や暴力の加害者も，自ら相談を求めることは少ないといえます。このように，セラピストの前に現れることが困難なクライエントや，大規模な災害のように地域全体の支援を行う必要がある状況などに対しては，クライエントの関係者やコミュニティを対象とした心理学的支援を行う必要があります。こうした支援は「**地域支援**」や「**コミュニティアプローチ**（community approach）」と呼ばれます。

　地域支援では，クライエントの内面だけでなく，社会というシステムの中で生きている存在であるということを理解することが不可欠です。そして，クライエントがコミュニティの一員であるという視点に立って，支援することが求められます（山本，2001）。地域支援は，上述したような「心理療法につながりにくいクライエント」を対象とする場合の他に，心理的問題を予防するという目的や，社会的弱者へのケアのような社会全体の理解を必要とする支援を行う場合にも用いられる方法です。

　地域支援の方法としては，アウトリーチやコンサルテーション，危機介入などがあります。アウトリーチとは，セラピストが実際にコミュニティに出かけて支援を行う方法です。不登校の子どもの家庭に出向いてセラピストが直接相談に応じるといった活動がこれにあたります。コンサルテーションとは，クライエントに関わっている心理学以外の専門家の相談を受けることです。不登校の子どもの担任教諭に，スクールカウンセラーが支援を行うといった例が挙げられます。危機介入とは，様々な危機が生じた際に，初期段階で必要な支援を行うことを指します。例えば，大規模な災害で避難した人々に対して，PTSDを予防するようなケアを行うことなどです。

4. まとめ

　以上で見てきたように，心理学的支援には様々な理論があり，それにしたがってたくさんの技法が存在します。しかしセラピストは，これらの技法を自由に使ってよいというわけではありません。こうした理論の中から，目の前にいるクライエントに合った支援法を選択し，実践することが不可欠です。前章で解説したアセスメントは，そのための情報を得るプロセスでもあるのです。

おすすめ図書

◎ 乾　吉佑・氏原　寛・亀口憲治・成田善弘・東山紘久・山中康裕（2005）．心理療法ハンドブック　創元社
　様々な心理療法について，網羅的に解説しています。
◎ 小此木啓吾（1989）．フロイト　講談社
　古い本ですが，フロイトの思想と著作を詳しく解説しています。
◎ 小俣和義（編）（2013）．こころのケアの基本：初学者のための心理臨床　北樹出版
　心理学的援助の方法やその実践について，わかりやすく解説しています。
◎ 丹野義彦・石垣琢磨・毛利伊吹・佐々木淳・杉山明子（2015）．臨床心理学　有斐閣
　臨床心理学の全体像が簡潔にかつ詳細に解説されているテキストです。

心理学ニュース
マインドフルネスは効果があるの？

　この章で取り上げたとおり，心理療法には様々な種類がありますが，最近になって，ここに新しい仲間がいくつか加わりました。それらは「第3世代」の行動療法などと呼ばれているのですが，その一つに「マインドフルネス」があります。聞いたことはありませんか？

　マインドフルネスとは，仏教などで行われる瞑想をヒントに，そこから宗教的な意味合いを取り除いた技法です。この技法の提唱者であるカバット＝ジン（J. Kabat-Zinn）は，マインドフルネスの方法を，自分の注意を意図的に，そしてなんの判断も加えることなく，「いまこの瞬間」に当てることだといいます。この方法を使うことで，日々のストレスが減少し，怒りや不安といったネガティブな感情に振り回されることも少なくなるといわれています。このマインドフルネスは心理療法に応用され，「マインドフルネス・ストレス低減法（mindfulness stress reduction）」や「マインドフルネス認知療法（mindfulness-based cognitive therapy）」といった技法が開発されました。さらに，マインドフルネスを技法の一つとして取り入れたアクセプタンス・アンド・コミットメント・セラピー（acceptance and commitment therapy）などもあります。これらが，最初に述べた「第3世代の行動療法」です。

　それでは，このマインドフルネスはどれくらい効果があるのでしょうか。マインドフルネスは，うつ病，不安，犯罪者の再犯防止など，様々な心理的問題に対する効果があるといわれています。そこでここでは，マインドフルネスに効果があるかを統計的に検討した研究を紹介します。

　この研究はカイケン（W. Kuyken）という研究者のグループによって，2016年に発表されました。彼らが着目したのは，マインドフルネス認知療法（以下，MBCT）です。この技法には，抑うつの再発を防止する効果があるとされています。実は，うつ病は再発しやすい疾患の一つで，うつ病から回復することは，「完治」とは呼ばず「寛解」といいます。寛解とは，日常生活を普通に送れるくらい症状がなくなった状態を指す言葉です。そのため，うつ病の患者を

治療する時には，回復を目指すだけでなく，再発を予防するための支援も必要になるのです。

　MBCT が実際にどのように行われるのか，簡単に説明しましょう。まず，患者さんに対して個別の面接を行います。この時，マインドフルネスについての知識をあらかじめ提供します。その後，他の患者さんと数名程度のグループになり，週1回，1回2時間のセッションを8回行います。この中で，患者さんはマインドフルネスの技法を用いながら，自分の考えに執着しないでいられる「脱中心化」と呼ばれる状態を目指したプログラムを受けます。

　この方法が効果を持つかどうかについて，カイケンらは「メタ分析」と呼ばれる方法を用いて検討しました。メタ分析は，すでに7章の心理学ニュースでも取り上げていますね。メタ分析とは，過去に行われた多数の研究データをまとめて，全体としてどのような結果が出たといえるのかを明らかにする分析法です。今回，彼らは，2014年までに行われた研究を洗い出し，9編の論文で報告された1,258名の患者さんのデータを調べました。患者さんは全員，うつ病の中でも再発を繰り返すタイプである「反復性うつ病」の患者さんで，MBCT を受けた患者さんと，それ以外の治療を受けた患者さんの両方のデータが含まれていました。そして，MBCT を受けた患者さんグループと，他の治療を受けた患者さんのグループとで，治療の開始時点から60週間後までの間に再発が起こった割合を比較しました。

　さて，結果はどうだったでしょうか。図14-2を見てください。横軸の値は「ハザード比（hazard ratio）」で，再発のしやすさを数値化したものです。この数値が1よりも低ければ，ターゲットとなる治療法を受けた患者さんグループで再発のリスクが低かったことを意味します。例えば，治療法AとBとを比較したメタ分析でハザード比が0.8だった場合，治療法AはBに比べて20%再発のリスクが低いということです。分析を行った結果，MBCT とその他の治療法とを比較したハザード比は0.69でした。つまり，MBCT を受けた患者さんは，それ以外の治療を受けていた患者さんに比べて，60週間後までにうつ病を再発する率が31%低かったのです。

　さらにカイケンらは，患者さんが発症した時の年齢や現在の年齢，治療開始時のうつ症状の度合い，住所，職業，所得，教育を受けた年数などによって，

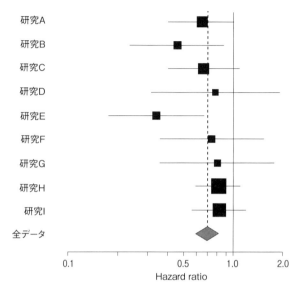

図14-2　MBCTと他の治療法の再発率の比較結果
(Kuyken et al., 2016のグラフを一部改変。エラーバーは95%信頼区間)

MBCTの再発防止効果が異なるかを分析しました。すると，うつ症状の度合いだけが，MBCTの効果に影響していました。すなわち，MBCTを受けたことによる再発の防止効果は，治療を始めた時点でのうつ症状が強い患者さんほど高かったのです。

　カイケンの研究結果からは，MBCTがうつ病の再発予防に効果を持つこと，とくに，うつ病の症状が重い患者さんに対して，より大きな効果を期待できるということが考えられます。現在，多くの心理学的支援法についてこうした研究が行われ，効果が検証されています。そうしたデータは，どのような患者さんにどのような支援の方法を用いるかを選ぶ時，大いに役立つものだといえるでしょう。

$$* \quad * \quad *$$

　古見「マインドフルネスって簡単にできるんですか？　難しそうなイメージがあるのですが…」

回答「確かに難しそうに感じますよね。マインドフルネスで重要なのは「注意」をいかにコントロールするかということにあります。多くのマインドフルネス技法で使われている基本的な教示は，「XX を意識しなさい」です（Harris, 2009 武藤監訳 2012）。XX には，呼吸，姿勢，手の感触，内臓の感覚，風，などなど「いま・ここ」にあるものならなんでも入れることができます。ただ，これだけではマインドフルネスを実践できないので，必ずなんらかの課題を用います。MBCT の場合，「食べる」といった簡単な行動を通して，まずはマインドフルネスというのがどのようなものかを体験するところからはじめます。それらはすべて訓練されたセラピストが行うことになっています。MBCT では，こうした課題を週に 1 セッション，合計 8 セッション行います」

　津田「マインドフルネスは誰にでもできる（効果がある）ものなのでしょうか？　それとも効きやすさには個人差があるのでしょうか？」

　回答「マインドフルネスの効果は誰にでもある，といいたいところですが，どうもそう単純ではないようです。そもそも，マインドフルネスを体験しやすい人とそうでない人がいるということが指摘されています（Bishop et al., 2004）。ではその個人差はどこから来るのかというと，要因として注意機能が最も有力視されています。つまり，注意を維持する力や，いくつかの選択肢の中から注意を向ける対象を決める力などが複合的に絡み合って，マインドフルネスの個人差を生み出しているのではないかといわれています（田中ら，2013）。また，催眠へのかかりやすさといった傾向がマインドフルネスと関連しているという研究もあります。そして，マインドフルネスの効果に個人差があるかどうかという点ですが，他の心理療法や薬物治療と同じように，効果の表れ方に個人差はあるようです。それがどのような要因で生じるのかについては，いくつかの研究が行われていますが，成果が十分に蓄積されているというところまでは至っていないのではないかと思います」

　樋口「うつ病からの回復の早さや回復の程度に対して同様のメタ分析を行っても頑健な効果が見られるのでしょうか。それとも，MBCT は再発の予防と

いう点にとくに効果的なのでしょうか。また，他の心理療法と比べて MBCT はどのような点で良いのでしょう」

　回答「MBCT はもともと，うつ病の再発を防ぐ心理療法の一つとして開発されました。しかし，うつ病の症状自体を軽減することや，不安，身体症状といったうつ病以外の症状を軽減することなどがメタ分析で報告されています（Gotink et al., 2015; Hofmann et al., 2010）。また，うつ病に関しては，薬物治療などでなかなか回復しない治療抵抗性のうつ病に対しても効果があることが報告されています（Kenny & Williams, 2007）。こうしたことから，MBCT は再発予防だけでなくうつ病の治療においても効果があるのではないかと考えられます。一方，マインドフルネスが他の治療法に比べてどのような点で優れているかですが，例えば，一般的な認知行動療法に比べて，クライエントが治療を中断してしまう「ドロップアウト」が起こりにくいことが期待できるでしょう。うつ病の治療は，薬物治療や心理療法のうち一つだけを選んで行うよりも，他の治療法と組み合わせて行うほうが回復しやすいようです」

犯罪心理学・産業心理学

1．犯罪心理学

　犯罪心理学は犯罪を扱う心理学の一分野であり，そのテーマは犯罪の原因論や犯罪捜査，防犯，矯正やカウンセリングなど多岐にわたります。本章ではその中からとくに3つの話題を取り上げます。

(1) 犯罪の危険因子
　犯罪者にはどのような特徴があるのでしょうか？　カナダの犯罪心理学者であるアンドリュース（D. A. Andrews）によると，犯罪との関連がとくに強い要素として，
　　①犯罪歴（若い頃から多種多様な反社会的行動に関わったことがあるか）
　　②反社会的パーソナリティ特性（共感性欠如などの傾向があるか）
　　③反社会的認知（犯罪者への同一化や法への否定的態度などを持つか）
　　④反社会的交友関係（犯罪に親和的な人物と交友があるか）
の4つがあり，これらは**ビッグフォー**と呼ばれます。さらに，犯罪と中程度の関連のある要素として，⑤家庭内の問題，⑥学校や職場での問題，⑦余暇活動の少なさ，⑧アルコールや薬物の使用があり，以上の8つの要素はまとめて**セントラルエイト**と呼ばれ，犯罪に関連する中心的な危険因子とされます（Andrews & Bonta, 2010）。これらのうちとくに反社会的パーソナリティ特性と反社会的認知は心理学的に重要ですので，以下にさらに詳しく説明します。
　反社会的パーソナリティ特性とは，様々なパーソナリティ特性のうち，犯罪者に多く見られるもののことです。「共感性の欠如（相手の気持ちになって考えることをしない）」や「自己中心性（自分のことだけしか考えていない）」，

「罪悪感の欠如」などがその例です。これらの特性に加えて，感情の浅薄さ，衝動性，無責任，マキャベリ主義などの特性を併せ持つ人物はサイコパスと呼ばれます。サイコパスは暴力犯罪や規律違反との関連性があり，情緒の欠落や非情さのため時に重大な犯罪を引き起こすと指摘されています。ただし，サイコパス傾向があるからといって必ずしも犯罪者になるわけではなく，知能の高いサイコパスは他人からは魅力的な人物と見えることがあり，社会的成功者にはこのようなタイプの人が少なくないといわれます。

「セルフコントロール（自己統制力）の欠如」も犯罪との関連が強いパーソナリティ特性であるといわれています。このタイプには，欲望や感情を抑えることができない，計画的な行動ができない，危険なことを好んでやる（リスクテイキング傾向がある）などの特徴があります。周囲に非行少年の友人が多い場合，セルフコントロールが低いと非行率が大きく上昇しますが，高い場合にはあまり上昇しないと報告されています。

反社会的認知とは，犯罪に結びつきやすい思考や信念，態度や価値観などのことです。犯罪を許容する価値観を持つ，犯罪者への同一化（模倣）をする，また法律や社会的慣習を受け入れない態度を持つことなどがその例です。

犯罪に結びつきやすい認知傾向の他の例として**敵意帰属バイアス**があります。これは他者の行動や態度を自分に対する挑発や攻撃であると捉えてしまう認知傾向のことです。例えば，すれ違いざまに人とぶつかった時，相手がわざとぶつかった（相手に悪意があった）と考えてしまうなどです。敵意帰属バイアスを持つ人は他者を攻撃的であると感じるため相手に敵意を抱きがちであり，結果的に相手からも本当に敵意を持たれてしまうことが知られています。

怒りなどの感情は時間とともに自然と収まるものですが，**敵意的反芻傾向**のある人物は怒りのきっかけとなった事柄を何度も繰り返し考え続ける傾向があります。このような人は敵意のある経験で頭がいっぱいの状態にあるため，攻撃性が増したり報復行動を計画したりする可能性が高くなります。

(2) 犯罪捜査

プロファイリングは，犯行内容や現場状況などの情報をもとに犯人がどのような人物であるかを推測する技術です。犯行前後の行動，被害者への行為，犯

行場所，現場の遺留物など，利用可能なあらゆる情報をもとにして犯人がどのようなタイプの人物であるのか，つまり犯人の性別，年齢，職業，身体的特徴，パーソナリティ，知能，精神疾患の有無，動機，居住地などを推測します。また，犯行は計画的なものか衝動的なものか，組織的なものか個人によるものか，といった区分も行います。こうして得られた所見は捜査対象の絞り込みや容疑者への取り調べなどに役立てられることになります。

　犯罪捜査へプロファイリングが利用された最初の事例として，1940年代から1950年代にアメリカで発生した爆弾魔事件があります。マッドボンバーと通り名が付けられた人物が，16年間にわたりニューヨークの公共施設や劇場などに爆発物を仕掛けては施設の管理者や警察に手紙で犯行声明文を送りつけるということを繰り返していました。事件解決にいつまでも成果を挙げられなかったニューヨーク市警は，犯罪学と精神医学の専門家であるジェームズ・ブラッセルに協力を仰ぎます。ブラッセルは持ち込まれた資料と精神科医としての自身の経験をもとに，犯人は未婚で，偏執病を持ち，年齢はおよそ50歳である，といった様々な見立てを行いました。翌年，ついに犯人が特定され逮捕に至ったのですが，結局のところ犯人逮捕にプロファイリング自体が直接役に立ったわけではありませんでした。しかしながら，犯人逮捕後，ブラッセルの予測はその多くが正確に当たっていたことがわかりました。

　プロファイリングの技術はその後アメリカ連邦捜査局（FBI）や大学などでの研究が進展し，犯罪者にはどのようなタイプ（類型）があるのかといったテーマが研究されてきました。しかしながら，心理プロファイリングについてはその科学性や妥当性について批判も多くあります。例えば，犯行内容をもとに犯人のパーソナリティなどの心理特性を推測するという伝統的なプロファイリング技術は，いくつかの基本的な前提を置いています。つまり，①類似した犯罪行動をとる人たちは類似した心理特性を持つ，②犯罪者は犯行のたびに一貫した行動パターンをとる，③犯罪者ごとに特有の行動パターンがある，などです。しかし，これらの前提は必ずしも正しくないことが犯罪学や心理学の近年の研究から明らかになってきています（Chifflet, 2014）。プロファイリング技術は歴史がまだ比較的浅く，実証的な研究の蓄積が十分ではないため，科学的に確立した知見を得るには今後より多くの研究が必要だといえます。

(3) 目撃証言

　犯人の外見や所持品などの特徴を事件の目撃者が記憶していれば，それは犯人特定の手がかりとなるため，被害者や通行人からの証言は重要な捜査情報になります。この目で見た，という目撃者の証言は，一見すると事件についての疑いない情報をもたらすように思えます。しかし，実際には目撃証言は必ずしも正確ではなく，誤りが生じやすいものであることが記憶に関する心理学的研究から明らかになってきています。

　例えば，証言を得る際にどのように質問をするかによって目撃者の回答が変化してしまうことが知られています。車の衝突事故の映像を実験参加者に見せた後，その記憶を調べた研究があります (Loftus & Palmer, 1974)。記憶を聞かれる際に，「車が激突した時のスピードはいくらほどでしたか」と質問された参加者たちは，「車が当たった時のスピードはいくらほどでしたか」と質問された参加者たちに比べ，車の速度を速く回答する傾向がありました。また，「激突」という言葉で質問された参加者たちは，「車のガラスが割れているのを見ましたか」という質問（実際の映像ではガラスは割れていませんでした）に対して，32％の人が見たと回答しました。一方，「当たった」という言葉で聞かれた参加者たちでは見たと回答したのは14％だけでした。つまり，記憶を問われる際の言葉遣いによって，回答が誘導されてしまうことが明らかになったのです。

　また別の研究では，犯人の顔を目撃した人に容疑者の顔写真を見せてそれが犯人であるかを聞く際に，容疑者とそうでない人たちの写真を混ぜて複数の写真の中から犯人と思う人を選ばせる場合と，写真を1枚だけ（容疑者の写真だけ）を単独で見せてそれが犯人かどうか判断させる場合とでは，前者の，複数の写真の中から選ばせる方法の方が正確な回答ができることがわかっています (Neuschatz et al., 2016)。これらの研究結果は，取り調べの際にどのような言葉で質問するか，どのような方法で写真を見せるか，という一見ささいな違いが，目撃者の記憶や証言内容を変容させてしまう可能性を示しています。

　また，そもそも記憶自体がはじめからうまく形成されていない場合もあります。事件の発生時，被害者や目撃者には恐怖や危機感などの強い情動的反応が生じます。その結果，自分の生存に必要な情報にのみ意識が集中し，周辺の瑣

末な情報，例えば停車していた車の特徴などについては意識に上りにくくなります。また，犯人が凶器を所持していた場合には，目撃者の注意は凶器のみに集中し，犯人の顔や衣類についてすら記憶に残らなくなる場合があることが知られています（**凶器注目効果**）。目撃時に凶器注目効果が生じていた場合，犯人の外見についての有力な情報が得られず，また何らかの証言が得られたとしてもその証言の信用性は低いと考えられます。

以上から，目撃証言の取り扱いには様々な注意が必要であることがわかります。目撃者本人が確信を持って証言していたとしても，それが事実であるとは限りません。また，被害者が子どもの場合には彼らが体験したことをうまく聞き出すための技術が必要になることもあります。目撃証言の性質を理解することは捜査や裁判にとって重要な課題であるといえます。

2．産業心理学

産業心理学は産業や組織といった現実的場面を扱う応用心理学です。代表的な研究テーマとしては人的資源管理や組織内での人の行動，消費者行動や安全管理などがあります。

(1) 消費者行動とマーケティング

製品やサービスを売るために企業は様々な工夫を行っています。商品の品質やブランドイメージを管理し，価格や流通経路を調整し，広告やイベントなどで販売促進を行います。これらを総称してマーケティングと呼びます。

効果的なマーケティングを行うには，人がどのようにものを買っているのか（消費者行動）を理解することが重要になります。ブラックウェルらは，消費者が商品の購買に至る過程についてのモデルを提案しました（Blackwell et al., 2001）。このモデルによると，消費者はまず①欲求認識（商品を買う必要性の認識）を持ちます。消費者が現在の状態と理想との間にズレを認識した時，これを解決するために購買欲求が生じます。次に②情報探索（商品に関する情報の収集）が起こります。商品情報やレビューなどを調べ，買うべき商品の候補を考えます。そして③購買前代案評価（購入候補の比較・評価）を行います。

この評価に基づいて④購買が行われ，商品をいつどこでいくら買うかなどが決定されます。そして商品は⑤消費され，最後に⑥購買後代案評価が行われ，商品に満足した場合は次も同じ商品を購入し，不満であった場合は他の商品の探索につながります。マーケティング活動の機能は，広告や販売促進活動を通じて消費者の欲求を刺激したり情報探索を助けたりすることだといえます。

　消費者の意思決定は商品の客観的な特徴（品質や価格）だけに基づいて合理的になされるとは限らず，必ずしも本質的でない周辺的な手がかりにも影響されることがわかっています。期間限定や数量限定などによって希少性が高くなると商品価値が高く感じられ，買われやすくなります。また，医者や専門家などの権威やタレントやインフルエンサーなど魅力的な人物の発信する情報は正しいと信じられやすい傾向があります。他にも，これを買わないと病気のリスクが増します，などと消費者を怖がらせることで購入を促す手法もしばしば用いられます（**恐怖喚起コミュニケーション**）。また，口コミは消費者の意思決定に大きな影響力があることが知られており，ブログやSNSでの書き込みを促す施策が近年多く見られるようになっています。

(2) 安全とリスク管理

　人はミスや失敗を犯すものです。鉄道や発電，医療や建設など，世の中の様々な職場で起こる失敗は時に重大な事故につながります。事故を避け安全を確保するにはどうすればいいのでしょうか？　判断や行動の間違いはヒューマンエラーと呼ばれます。リーズンは，ヒューマンエラーのタイプとして①スリップ（不注意による行為の失敗・うっかりミス），②ラプス（記憶の失敗・失念），③ミステイク（意図の失敗・勘違いや思い込みなどの判断ミス）の3つを挙げています（Reason, 1990）。エラーに関するこうした心理過程を考慮することで，ミスを軽減するための対策を考えることができます。

　スリップの防止には指差し呼称による注意喚起などが有効です。フェイルセーフ（失敗や誤作動が発生した際に安全側に向かうような働きをする設計）やフールプルーフ（誤操作をしても危険な状態にならない，あるいは誤操作がそもそもできないような設計）など，ヒューマンエラーの発生に対してシステムの側で対処する仕組みを備えておくことも有効です。ラプスに対しては

チェックリストやリマインダーなどの記憶補助の利用が考えられます。ミステイクの防止には作業内容について手順だけでなく背景や意義も含めて理解しておくことや，作業員同士での相互確認などが効果的です。

　事故の防止のためにはリスク認識やその対策のための組織的な取り組みが重要です。例えば「ヒヤリ・ハット報告（インシデントリポート）」によって危険な体験の事例を収集・分析することや，「リスク・アセスメント」によって事故につながり得る危険要因に事前の対策をすること，「危険予知活動」や「危険体験教育」によって作業員の危機感受性を高めることなどが行われています。

おすすめ図書

◎ 原田隆之（2015）．入門 犯罪心理学　筑摩書房
　犯罪心理学に関するわかりやすい入門書です。
◎ Granhag, P. A., Vrij, A., & Verschuere, B.（2015）. *Detecting deception: Current challanges and cognitive approaches.* Chichester, UK: John Wiley & Sons.
　（荒川　歩・石崎千景・菅原郁夫（監訳）（2017）．虚偽検出―嘘を見抜く心理学の最前線　北大路書房）
　嘘を見抜くことについての近年の心理学的研究の集大成です。
◎ 太田伸夫・金井篤子（2017）．産業・組織心理学　北大路書房
　産業・組織心理学に関するわかりやすい教科書です。

心理学ニュース
悪を見抜く目

　万引き監視員の仕事を長く続けていると，店内を歩くときの仕草や態度を見るだけでその人が万引きをしそうかおおよそ見当が付くようになるそうです。犯罪を未然に防ぐには，犯行が実行される前のなるべく早い段階で犯人の不審な行動を察知することが重要です。公共施設やイベント会場にはスリなどの窃盗犯や爆発物を持ち込もうとするテロリストなどが群衆の中に紛れ込んでいる可能性があり，警備員は怪しい人物がいないかを監視する必要があります。犯罪者は自分が怪しまれないようになるべく普通の人と同じようにふるまおうとしているはずなので，監視員が犯罪者を見抜くのは非常に難しいことのように思えます。実際のところ，犯行の可能性を見抜く能力は普通の人よりも警察官などの熟練者の方が高いのでしょうか？　もしそうだとするなら，熟練者はどのようにして犯罪を察知しているのでしょうか？

　この問題を検討するため，コーラーら（Koller et al., 2015a）は犯罪者を見抜く能力を調べるための実験課題を作成しました。国際空港の監視カメラで撮影された，実際の窃盗犯の様子（バッグの盗難）の映像が12本分用意され実験に用いられました。それぞれの映像内には空港内の普通の人々の他に1～3人の窃盗犯（単独犯だけでなくグループ犯の場合もありました）が映っていました。各映像は1分から2分ほどの長さで，犯人が盗みを実行する直前でカットされるようになっていました。実験参加者の課題は，映像を見て，映像内のどの人物が窃盗犯なのかを当てることでした。大学生，実務経験のない新人警察官，勤続経験1年未満の警察官，勤続経験4年以上の警察官，犯罪捜査官という5つのタイプの人々が，各グループおよそ50人ずつ，計300人ほど集められ実験に参加しました。

　実験の結果，大学生＜新人警察官＜勤務経験のある警察官＜犯罪捜査官という順で成績は高くなることがわかりました。勤務経験のある警察官の成績は勤続年数の長短にかかわらずほぼ同じでした。最も成績の良かったのは犯罪捜査官で平均正解率は7割ほど，最も低かったグループは大学生で平均正解率は4

割ほどでした。勤務経験のある警察官の場合に勤続年数が長いからといって成績が良くなるわけではなかったのは少し不思議です。その理由としては，警察官が従事している仕事の幅広さが関係していると考えられます。つまり，警察官は犯罪捜査だけでなく他の様々な業務を幅広く行っているため，勤続年数が長いからといって窃盗に関係する経験を多く積んでいるとは限りません。一方で捜査官は犯罪捜査が専門であるため，警察官よりもこの手の課題への熟練度が高かったのだろうと考えられます。また，捜査官は成績が平均的に高いだけでなく，成績の分散も小さいという特徴がありました。つまり，警察官の場合は成績の分散が大きく，高い成績を出せる人たちがいる一方で低い成績しか出せない人たちもそれなりに多くいました。捜査官はほとんどの人が高い成績を出しており，低い成績だった人は非常に少なかったのです。

　この実験にはもう一つ面白い発見がありました。動画のラスト付近の窃盗が起こる直前あたりまで映像を見た場合は，大学生のような素人でも犯人をそれなりに当てることができたのですが，映像のはじめの方を見ただけの段階では誰が窃盗犯なのか素人にはまったく見当が付きませんでした。しかし，警察官や捜査官の場合，映像の最初の方だけを見た段階でも犯人を比較的よく当てることができたのです。このことから，窃盗犯に特有の行動が犯行の初期段階から存在し，捜査官などの熟練者にはそれが察知できるのだと考えられます。

　警察官や捜査官はどのようにして窃盗犯を見抜いていたのでしょうか？　実験に使われたのは監視カメラの映像だったため解像度が低く，周囲の人々や犯人たちの顔や表情まではっきりと映っていませんでした。顔ではなく体の動きやしぐさを見て怪しさを判断していたのだと考えられます（例えば，歩行の速度や向きを急に変えるといった特異な空間行動や，必要もないのに携帯電話やカバンを手に取ったりするような行動の頻度が犯罪者には多いことがコーラーらのその後の研究で示唆されています; Koller et al., 2015b)。警察官に比べて捜査官の方が高い成績を出しましたが，なぜそれが可能だったのでしょうか？　窃盗犯がどのような手口をよく使うかに関して，犯罪捜査官は詳しい知識を持っていることが彼らへのインタビューからわかりました。例えば複数犯のスリの場合，犯行メンバーの一人が被害者のそばで物を落とし，被害者がそれに注意を取られている隙に別のメンバーが被害者のカバンを持ち去る，とい

うテクニックがあるそうです。捜査官はこのような知識を豊富に持っているため，犯行の察知に優れていたのだと考えられます。

　結論として，警察官や犯罪捜査官は素人よりも犯罪者を見抜く目があることが実験から確かめられました。そして，犯行に特有の行動パターンに関する知識や経験を持つことが悪を見抜くために重要だとわかりました。犯罪者に特有な行動としてどのようなものがあるのかについて今後さらに解明することで犯罪への抑止力を高めていけると考えられます。また，新人警察官に熟練の捜査官並みの能力を獲得させるための効果的な訓練や教育の方法の開発も今後取り組むべき重要な課題だと思われます。

＊　　＊　　＊

古見「犯罪捜査官の勤続年数はどんな感じだったのでしょうか？」

回答「最低4年，最高31年で，平均は約14年でした。ちなみに勤続4年以上の警察官のグループは，最低4年，最高32年で，平均約14年でした。したがって，勤続年数自体は両者でほぼ同じだったといえます」

小山内「犯罪捜査官は知識だけでなく，注意の配り方にも特徴があるのではないかと思いました。例えば視線を記録する装置をつけた場合，犯罪捜査官は一般の人々とどのような違いが出るのか。そういった研究はあるのでしょうか」

回答「近い研究として，嘘を見抜くのが得意な人が相手のどのような場所を見ているのかを調べた研究があります（Bond, 2008）。計100人ほどの警察官に嘘を見抜く能力を調べる課題（動画内の人物が嘘を言っているのか本当のことを言っているのかを判断する課題）を行わせたところ，8割を超える正解率を安定して出すことのできる人が，たった2人だけですが見つかりました（2人とも女性でした）。この2人は嘘を見抜くプロだと考えられます。彼女たちが動画を見る際にどこを見ているのかを視線計測をして調べたところ，一人は話し手の目や口元を主に見ており，もう一人は体や手の動きに注目していまし

た。何に注目するかには個人差があるようです。ただ，話し手の発言内容よりは動きやしぐさなどの非言語的な情報に着目していたという点では2人とも共通していました」

　樋口「この研究と少し関連する話なのですが，指紋鑑定のエキスパートは指紋を見分けることは良くできても，なじみのないもの（例えば逆さになった顔）を見分けることはエキスパートではない人と同程度にしかできないそうです（Searston & Tangen, 2017）。エキスパートの能力はある程度，対象や状況に特化しているようです。犯罪捜査官は犯人を見分けることができるということですが，その能力は犯罪者の発見に限られるのでしょうか。それともなにかもっと一般的な能力が向上しているのでしょうか。もう一つ気になるのは，どうやってエキスパートの知識をシェアすることができるのかという点です。この手の知識はなかなか言語化することが難しく，言語化できたとしても実際に自分が言ったとおりにやっているとは限らないので厄介だと思います」

　回答「エキスパートの能力は自分の専門領域に特化している可能性は高いと思います。専門的な知識は暗黙知であることも多いのでその共有は容易ではありません。知識の伝達については，まずは確立した知見を伝えることが現状では重要だと思います。例えば，嘘をついている人は目をそらしたりまばたきが増えたり落ち着きのない動作が増える，と思われがちですが，実際にはそのような関係はないことがわかっています（DePaulo et al., 2003）。また，人は嘘をつく時に右の方を見る傾向があるという神経言語プログラミングの説がありますが，このような話には科学的根拠がありません（Wiseman et al., 2012）。こうした誤解を解くだけでも効果はあるでしょう」

引用文献

■第1章
秋山道彦（2012）．発達の規定因　高橋惠子・湯川良三・秋山弘子（編）　発達科学入門　1. 理論と方法（pp. 21-44）　東京大学出版会
Call, J., & Tomasello, M. (2008). Does the chimpanzee have a theory of mind? 30 years later. *Trends in Cognitive Sciences, 12*, 187-192.
長谷川寿一（2017）．心理学概論　野島一彦（編）　公認心理師入門（pp. 12-15）　日本評論社
長谷川眞理子（2016）．進化心理学から見たヒトの社会性（共感）　認知神経科学, *18*, 104-114.
永江誠司（2013）．教育心理学とは　永江誠司（編）　キーワード教育心理学（pp. 1-11）　北大路書房
大芦　治（2016）．心理学史　ナカニシヤ出版
大山　正（1990）．心理学の歴史と方法　詫摩武俊（編）　心理学（pp. 1-11）　新曜社
大山　正（2010）．心理学史—現代心理学の生い立ち—　サイエンス社
Premack, D., & Woodruff, G. (1978). Does the chimpanzee have a theory of mind? *The Behavioral and Brain Sciences, 1*, 515-526.
Reuchlin, M. (1957). *Histoire de la psychologie*. （豊田三郎（訳）（1959）．心理学の歴史　白水社）
菅原ますみ（2003）．母親の就労は子どもの問題行動をうむか—三歳児神話の検証—　柏木惠子・高橋惠子（編）　心理学とジェンダー—学習と経験のために—（pp. 11-16）　有斐閣
鈴木光太郎（2008）．オオカミ少女はいなかった—心理学の神話をめぐる冒険—　新曜社
内田伸子（2005）．ヒトから人へ—言語と意識の起源を求めて：進化心理学　内田伸子（編）　心理学—こころの不思議を解き明かす（pp. 1-28）　光生館
Wellman, H. M., Cross, D., & Watson, J. (2001). Meta-analysis of theory-of-mind development: The truth about false belief. *Child Development, 72*, 655-684.

■第2章
Anderson, B. L., & Kim, J. (2009). Image statistics do not explain the perception of gloss and lightness. *Journal of Vision, 9*, Article ID 10.
千々岩英影（2001）．色彩学概説　東京大学出版会
Marlow, P. J., Kim, J., & Anderson, B. L. (2011). The role of brightness and orientation congruence in the perception of surface gloss. *Journal of Vision, 11*, 1-12.
Motoyoshi, I., Nishida, S., Sharan, L., & Adelson, E. (2007). Image statistics and the perception of surface qualities. *Nature, 447*, 206-209.
西田慎也・藤崎和香（2016）．多感覚としての質感　小松英彦（編）　質感の科学—知覚・認知のメカニズムと分析・表現の技術（pp. 55-68）　朝倉書店
西田慎也・本吉　勇・澤山正貴（2016）．見て感じる質感　小松英彦（編）　質感の科学—知覚・認知のメカニズムと分析・表現の技術（pp. 26-40）　朝倉書店
Nishio, A., Goda, N., & Komatsu, H. (2012). Neural selectivity and representation of gloss in the monkey inferior temporal cortex. *Journal of Neuroscience, 32*, 10780-10793.
Osterberg, G. (1935). Topography of the layer of rods and cones in the human retina. *Acta Opthalmologica, 13*, 6-97.
Sawayama, M., & Nishida, S. (2017). Visual wetness perception based on image color statistics. *Journal of Vision, 17*, 7.
Wada, A., Sakano, Y., & Ando, H. (2014). Human cortical areas involved in perception of surface glossiness. *NeuroImage, 98*, 243-257.

■第3章
Atchley, P., & Warden, A. C. (2012). The need of young adults to text now: Using delay discounting to assess informational choice. *Journal of Applied Research in Memory and Cognition, 1*, 229-234.

Atkinson, R. C., & Shiffrin, R. M. (1968). Human memory: A proposed system and its control processes. In K. W. Spence & J. T. Spence (Eds.), *The psychology of learning and motivation: II*. Oxford, England: Academic Press.
Awh, E., Belopolsky, A. V., & Theeuwes, J. (2012). Top-down versus bottom-up attentional control: A failed theoretical dichotomy. *Trends in Cognitive Sciences, 16,* 437-443.
Baddeley, A. (2000). The episodic buffer: A new component of working memory? *Trends in Cognitive Sciences, 4,* 417-423.
Baddeley, A. D. (2009). What is memory? In A. D. Baddeley, M. W. Eysenck, & M. C. Anderson (Eds.), *Memory* (pp. 1-17). Hove, England: Psychology Press.
Baddeley, A. D., & Hitch, G. (1974). Working memory. In G. H. Bower (Ed.), *Psychology of learning and motivation* (Vol. 8, pp. 47-89). New York: Academic Press.
Cherry, E. C. (1953). Some experiments on the recognition of speech, with one and with two ears. *The Journal of the Acoustical Society of America, 25,* 975-979.
Chun, M. M., & Jiang, Y. (1998). Contextual cueing: Implicit learning and memory of visual context guides spatial attention. *Cognitive Psychology, 36,* 28-71.
御領　謙（1993）．最新　認知心理学への招待―心の働きとしくみを探る―　新心理学ライブラリ　サイエンス社
今井久登・高野陽太郎（1995）．記憶をさぐる　高野陽太郎（編）　認知心理学　2. 記憶（pp. 27-48）　東京大学出版会
道又　爾・北崎充晃・大久保街亜・今井久登・山川恵子・黒沢　学（2003）．認知心理学―知のアーキテクチャを探る―　有斐閣
Posner, M. I. (1978). *Chronometric explorations of mind*. Hillsdale, NJ: Erlbaum.
Posner, M. I. (1980). Orienting of attention. *Quarterly Journal of Experimental Psychology, 32,* 3-25.
Richtel, M. (2014). *A deadly wandering: A tale of tragedy and redemption in the age of attention*.New York: William Morrow.（小塚一宏（解説）　三木俊哉（訳）（2016）．神経ハイジャック―もしも「注意力」が奪われたら―　英治出版）
齊藤　智（2014）．短期記憶　下山晴彦（編）　心理学辞典　新版（pp. 119-122）　誠信書房
Squire, L. R., & Zola, S. M. (1996). Structure and function of declarative and nondeclarative memory systems. *Proceedings of the National Academy of Sciences, 93,* 13515-13522.
Tamir, D. I., & Mitchell, J. P. (2012). Disclosing information about the self is intrinsically rewarding. *Proceedings of the National Academy of Sciences, 109,* 8038-8043.
Theeuwes, J. (2018). Visual selection: Usually fast and automatic; seldom slow and volitional. *Journal of Cognition, 1,* 21.
Treisman, A. M., & Gelade, G. (1980). A feature-integration theory of attention. *Cognitive Psychology, 12,* 97-136.
Wason, P. C. (1966). Reasoning. In B. Foss (Ed.), *New horizons in psychology* (pp. 135-151). Harmondsworth, England: Penguin Books.
Wason, P. C. (1968). Reasoning about a rule. *The Quarterly Journal of Experimental Psychology, 20,* 273-281.

■第 4 章
安藤寿康（2018）．なぜヒトは学ぶのか―教育を生物学的に考える―　講談社
Bandura, A. (1977). *Social learning theory*. Englewood Cliffs, NJ: Prentice-Hall.（原野広太郎（監訳）（1979）．社会的学習理論―人間理解と教育の基礎―　金子書房）
Bexton, W. H., Heron, W., & Scott, T. H. (1954). Effects of decreased variation in the sensory environment. *Canadian Journal of Psychology, 8,* 70-76.
Brown, P. C., Roediger, H. L., & McDaniel, M. A. (2014). *Make it stick: The science of successful learning*. Cambridge, MA: Harvard University Press.（依田卓巳（訳）（2016）．使える脳の鍛え方―成功する学習の科学―　NTT 出版）
Collins, A. M., & Loftus, E. F. (1975). A spreading activation theory of semantic processing. *Psychological Review, 82,* 407-428.
Committee on Developments in the Science of Learning (Eds.) (2000). *How people learn: Brain, mind,*

experience, and school(Expand edition). Washington, DC: National Academy Press.（森　敏昭・秋田喜代美（監訳）(2002）授業を変える―認知心理学のさらなる挑戦―　北大路書房）
Ebbinghaus, H.(1885). *Memory: A contribution to experimental psychology.* Leipzig: Duncker.
Harlow, H. F.(1950). Learning and satiation of response in intrinsically motivated complex puzzle performance by monkeys. *Journal of Comparative and Physiological Psychology, 43*, 289-294.
Hull, C. L.(1951). *Essentials of behavior.* New Haven, CT: Yale University Press.
鹿毛雅治(2013). 学習意欲の理論―動機づけの教育心理学―　金子書房
片平健太郎(2018). 行動データの計算論モデリング―強化学習モデルを例として―　オーム社
Kornell, N., & Bjork, R. A.(2008). Learning concepts and categories: Is spacing the "enemy of induction"? *Psychological Science, 19*, 585-592.
Layard, R., & Clark, D. M.(2014). *Thrive: The power of evidence-based psychological therapies.* London: Penguin Books.（丹野義彦（監訳）(2017). 心理療法がひらく未来―エビデンスにもとづく幸福改革―　ちとせプレス）
Marton, F., & Säljö, R.(1984). Approaches to learning. In F. Marton, D. J. Hounsell, & N. J. Entwistle (Eds.), *The experience of learning*(pp. 39-58). Edinburgh: Scottish Academic Press.
Mazur, J. E.(2006). *Learning and behavior*(6th ed.). Englewood Cliffs, NJ: Prentice-Hall.（磯　博行・坂上貴之・川合伸幸（訳）(2008). メイザーの学習と行動　日本語版第3版　二瓶社）
Mischel, W.(2014). *The marshmallow test: Understanding self-control and how to master it.* New York: Random House.（柴田裕之（訳）(2015). マシュマロ・テスト―成功する子，しない子―　早川書房）
宮本美沙子・奈須正裕（編）(1995). 達成動機の理論と展開　金子書房
村山　航(2015). メタ記憶・メタ認知―あなたは自分をどれだけ知っている？―　北神慎司・林　創（編）心のしくみを考える：認知心理学研究の深化と広がり(pp. 45-56)　ナカニシヤ出版
Murray, E. J.(1964). *Motivation and emotion.* Englewood Cliffs, NJ: Prentice-Hall.（八木　冕（訳）(1966). 動機と情緒　岩波書店）
明和政子(2012). まねが育む人の心　岩波書店
Pavlov, I. P.(1927). *Conditioned reflexes: An investigation of the physiological activity of the cerebral cortex.* London: Oxford University Press.（林　髞（訳）(1937). 条件反射学　三省堂）
島宗　理・吉野俊彦・大久保賢一・奥田健次・杉山尚子・中島定彦・他(2015). 日本行動分析学会「体罰」に反対する声明　行動分析学研究, *29*, 96-107.
Skinner, B. F.(1938). *The behavior of organisms.* New York: Appleton-Century-Crofts.
Sutton, R. S., & Barto, A. G.(1998). *Reinforcement learning: An introduction.* Cambridge, MA: MIT Press.（三上貞芳・皆川雅章（訳）(2000). 強化学習　森北出版）
高橋雅治（編）(2017). セルフ・コントロールの心理学―自己制御の基礎と教育・医療・矯正への応用―　北大路書房
Thorndike, E. L.(1898). Animal intelligence: An experimental study of the associative processes in animals. *Psychological Review: Monograph Supplement, 2*, 1-109.
Tolman, E. C., & Honzik, C. H.(1930). Introduction and removal of reward, and maze performance in rats. *University of California Publications in Psychology, 4*, 257-275.
Tulving, E.(1972). Episodic and semantic memory. In E. Tulving & W. Donaldson (Eds.), *Organization of memory*(pp. 381-403). New York: Academic Press.
Watson, J. B.(1930). *Behaviorism*(Revised ed.). New York: Norton.（安田一郎（訳）(1980). 行動主義の心理学　河出書房新社）
Watson, J. B., & Rayner, R.(1920). Conditioned emotional reactions. *Journal of Experimental Psychology, 3*, 1-14.
White, R. W.(1959). Motivation reconsidered: The concept of competence. *Psychological Review, 66*, 297-333.
Yan, V. X., Bjork, E. L., & Bjork, R. A.(2016). On the difficulty of mending metacognitive illusions: A priori theories, fluency effects, and misattributions of the interleaving benefit. *Journal of Experimental Psychology: General, 145*, 918-933.

■第5章

Arai, N. H., Todo, N., Arai, T., Bunji, K., Sugawara, S., Inuzuka, M., Matsuzaki, T., & Ozaki, K. (2017). Reading skill test to diagnose basic language skills in comparison to machines. *Proceedings of the 39th Annual Cognitive Science Society Meeting* (*CogSci 2017*), 1556-1561.
江尻桂子 (2006). 子どもはどれほど有能か　内田伸子 (編)　発達心理学キーワード (pp. 25-48)　有斐閣
Gozli, D. G., Bavelier, D., & Pratt, J. (2014). The effect of action video game playing on sensorimotor learning: Evidence from a movement tracking task. *Human Movement Science, 38*, 152-162.
厚生労働省 (2017). 保育所保育指針
正高信男 (2001). 子どもはことばをからだで覚える―メロディから意味の世界へ―　中央公論新社
文部科学省 (2015). 小学校学習指導要領
文部科学省 (2017). 幼稚園教育要領
無藤　隆・森　敏昭・遠藤由美・玉瀬耕治 (2004). 心理学 Psychology: Science of Heart and Mind　有斐閣
やまだようこ (1995). 生涯発達をとらえるモデル　無藤　隆・やまだようこ (編)　生涯発達心理学とは何か―理論と方法― (pp. 57-92)　金子書房
内閣府 (2017). 幼保連携型認定こども園教育・保育要領
中島義明・安藤清志・子安増生・坂野雄二・繁桝算男・立花政夫・箱田裕司 (編) (1999). 心理学辞典　有斐閣
大石敬子 (1997). 読み障害児3例における読みの障害機構の検討―話し言葉の問題を通して―　LD 研究―研究と実践―, *6* (1), 31-44.
小田　豊・芦田　宏 (編) (2009). 新保育ライブラリ 保育の内容・方法を知る　保育内容言葉　北大路書房
岡本夏木 (1982). 子どもとことば　岩波書店
岡本夏木 (1985). ことばと発達　岩波書店
新村　出 (編) (1998). 広辞苑　第五版　岩波書店
Shute, V. J., Ventura, M., & Ke, F. (2015). The power of play: The effects of Portal 2 and Lumosity on cognitive and noncognitive skills. *Computers & Education, 80*, 58-67.
田中孝志 (1999). 記号　中島義明・安藤清志・子安増生・坂野雄二・繁桝算男・立花政夫・箱田裕司 (編)　心理学辞典 (pp. 158-159)　有斐閣
常深浩平・田村綾菜 (2012). 児童の「文字通りではない言葉」の理解と視点取得能力の関連　第6回 児童教育実践についての研究助成事業 研究成果論文集, 147-169.
内田伸子 (2003). 子どもの文章―書くこと・考えること―　東京大学出版会
内田伸子 (2006). 子どもの世界づくり　内田伸子 (編)　発達心理学キーワード (pp. 73-96)　有斐閣
全国大学生活協同組合連合会 (2018). CAMPUS LIFE DATA 2017　全国大学生活協同組合連合会

■第6章

Aknin, L. B., Barrington-Leigh, C. P., Dunn, E. W., Helliwell, J. F., Burns, J., Biswas-Diener, R., ... & Norton, M. I. (2013). Prosocial spending and well-being: Cross-cultural evidence for a psychological universal. *Journal of Personality and Social Psychology, 104*, 635-652.
Bard, P. (1928). A diencephalic mechanism for the expression of rage with special reference to the sympathetic nervous system. *American Journal of Physiology, 84*, 490-515.
Bechara, A., Damasio, H., Damasio, A. R., & Lee, G. P. (1999). Different contributions of the human amygdala and ventromedial prefrontal cortex to decision-making. *The Journal of Neuroscience, 19*, 5473-5481.
Bechara, A., Damasio, H., Tranel, D., Damasio, A. R., Bushnell, M. C., Matthews, P. M., & Rawlins, J. N. P. (1997). Deciding advantageously before knowing the advantageous strategy. *Science, 275*, 1293-1295.
Brosnan, S., & de Waal, F. B. M. (2003). Monkeys reject unequal pay. *Nature, 425*, 297-299.
Cannon, W. B. (1927). The James-Lange theory of emotions: A critical examination and an alternative theory. *The American Journal of Psychology, 39*, 106-124.
Cannon, W. B. (1932). *The wisdom of the body*. New York: Norton.
Cannon, W. B., Lewis, J. T., & Britton, S. W. (1927). The dispensability of the sympathetic division of the autonomic nervous system. *The Boston Medical and Surgical Journal, 197*, 514-515.
Damasio, A. R., Everitt, B. J., & Bishop, D. (1996). The somatic marker hypothesis and the possible functions of the prefrontal cortex. *Philosophical Transactions of the Royal Society B: Biological Sciences, 351*,

1413-1420.
Ekman, P., & Friesen, W. V. (1971). Constants across cultures in the face and emotion. *Journal of Personality and Social Psychology, 17*, 124-129.
Ekman, P., Sorenson, E. R., & Friesen, W. V. (1969). Pan-cultural elements in facial displays of emotion. *Science, 164*, 86-88.
Greene, J. D., Sommerville, R. B., Nystrom, L. E., Darley, J. M., & Cohen, J. D. (2001). An fMRI investigation of emotional engagement in moral judgment. *Science, 293*, 2105-2108.
Gross, J. J. (1998). Antecedent- and response-focused emotion regulation: Divergent consequences for experience, expression, and physiology. *Journal of Personality and Social Psychology, 74*, 224-237.
Heatherton, T. F., & Wagner, D. D. (2011). Cognitive neuroscience of self-regulation failure. *Trends in Cognitive Sciences, 15*, 132-139.
Henrich, J., Heine, S. J., & Norenzayan, A. (2010). Most people are not WEIRD. *Nature, 466*, 29.
日道俊之 (2016). 共感の多層的なメカニズムの検討―イメージング・ジェネティクス研究から― エモーション・スタディーズ, *2*, 38-45.
Inagaki, T. K., & Eisenberger, N. I. (2016). Giving support to others reduces sympathetic nervous system-related responses to stress. *Psychophysiology, 53*, 427-435.
James, W. (1884). What is an emotion? *Mind, 9*, 188-205.
Kragel, P. A., & LaBar, K. S. (2015). Multivariate neural biomarkers of emotional states are categorically distinct. *Social Cognitive and Affective Neuroscience, 10*, 1437-1448.
Lange, C. G. (1885). The mechanism of the emotions (pp. 672-685). In B. Rand (Ed.), *The classical psychologist*. Boston, MA: Houghton Mifflin.
LeDoux, J. (1998). *The emotional brain: The mysterious underpinnings of emotional life.* New York: Simon and Schuster. (松本 元・川村光毅・小幡邦彦・石塚典生・湯浅茂樹 (訳) (2003). エモーショナル・ブレイン―情動の脳科学― 東京大学出版会)
Mischel, W. (2014). *The marshmallow test: Mastering self-control.* New York: Little, Brown and Company. (柴田裕之 (訳) (2015). マシュマロテスト―成功する子・しない子― 早川書房)
Mischel, W., Shoda, Y., & Rodriguez, M. (1989). Delay of gratification in children. *Science, 244*, 933-938.
野村理朗 (2008). 神経科学の観点から―感情と行動, 脳, 遺伝子の連関について― 感情心理学研究, *16*, 143-155.
野崎優樹・子安増生 (2015). 情動コンピテンスプロフィール日本語短縮版の作成 心理学研究, *86*, 160-169.
大坪庸介・小西直喜 (2015). 強い互恵性と集団規範の維持―義憤・第三者罰の存在をめぐる議論― 感情心理学研究, *22*, 141-146.
Park, S. Q., Kahnt, T., Dogan, A., Strang, S., Fehr, E., & Tobler, P. N. (2017). A neural link between generosity and happiness. *Nature Communications, 8*, 15964.
Piliavin, J. A., & Siegl, E. (2007). Health Benefits of Volunteering in the Wisconsin Longitudinal Study. *Journal of Health and Social Behavior, 48*, 450-464.
Preston, S. D., & de Waal, F. B. M. (2002). Empathy: Its ultimate and proximate bases. *The Behavioral and Brain Sciences, 25*, 1-20.
Russell, J. A. (1980). A circumplex model of affect. *Journal of Personality and Social Psychology, 39*, 1161-1178.
Schachter, S., & Singer, J. (1962). Cognitive, social, and physiological determinants of emotional state. *Psychological Review, 69*, 379-399.
Sherrington, C. S. (1899). Experiments on the value of vascular and visceral factors for the genesis of emotion. *Proceedings of the Royal Society of London, 66*, 390-403.
Thoits, P. A., & Hewitt, L. N. (2001). Volunteer work and well-being. *Journal of Health and Social Behavior, 42*, 115-131.
Trivers, R. L. (1971). The evolution of reciprocal altruism. *The Quarterly Review of Biology, 46*, 35-57.
Wager, T. D., Davidson, M. L., Hughes, B. L., Lindquist, M. A., & Ochsner, K. N. (2008). Prefrontal-subcortical pathways mediating successful emotion regulation. *Neuron, 59*, 1037-1050.

■第 7 章

Fleeson, W., & Gallagher, P. (2009). The implications of Big Five standing for the distribution of trait manifestation in behavior: Fifteen experience-sampling studies and a meta-analysis. *Journal of Personality and Social Psychology, 97*, 1097-1114.

Fleeson, W., & Jayawickreme, E. (2015). Whole trait theory. *Journal of Research in Personality, 56*, 82-92.

Goldberg, L. R. (1990). An alternative "description of personality": The big-five factor structure. *Journal of Personality and Social Psychology, 59*, 1216-1229.

Jackson, J. J., Thoemmes, F., Jonkmann, K., Lüdtke, O., & Trautwein, U. (2012). Military training and personality trait development: Does the military make the man, or does the man make the military? *Psychological Science, 23*, 270-277.

Jung, C. G. (1921). *Psychologische Typen*. Zurich: Rascher Verlag.（吉村博次（訳）（2012）．心理学的類型　中央公論新社）

Kretschmer, E. (1955). *Körperbau und Charakter: Untersuchungen zum Konstitutionsproblem und zur Lehre von den Temperamenten*. 21. und 22. Berlin: Springer Verlag.（相場　均（訳）（1960）．体格と性格―体質の問題および気質の学説によせる研究―　文光堂）

McCrae, R. R., & Costa, P. T. (1987). Validation of the five-factor model of personality across instruments and observers. *Journal of Personality and Social Psychology, 52*, 81-90.

Mischel, W. (1968). *Personality and assessment*. New York: Wiley.（詫摩武俊（監訳）（1992）．パーソナリティの理論―状況主義的アプローチ―　誠信書房）

小塩真司（2011）．性格を科学する心理学のはなし―血液型性格判断に別れを告げよう―　新曜社

小塩真司（2014）．パーソナリティ心理学　サイエンス社

Roberts, B. W., Luo, J., Briley, D. A., Chow, P. I., Su, R., & Hill, P. L. (2017). A systematic review of personality trait change through intervention. *Psychological Bulletin, 143*, 117-141.

■第 8 章

Blanke, O., Mohr, C., Michel, C. M., Pascual-Leone, A., Brugger, P., Seeck, M., ...Thut, G. (2005). Linking out-of-body experience and self processing to mental own-body imagery at the temporoparietal junction. *Journal of Neuroscience, 25*, 550-557.

Blanke, O., Ortigue, S., Landis, T., & Seeck, M. (2002). Neuropsychology: Stimulating illusory own-body perceptions. *Nature, 419*, 269.

Damasio, H., Grabowski, T., Frank, R., Galaburda, A. M., & Damasio, A. R. (1994). The return of Phineas Gage: Clues about the brain from the skull of a famous patient. *Science, 264*, 1102-1105.

DeWall, C. N., MacDonald, G., Webster, G. D., Masten, C. L., Baumeister, R. F., Powell, C., ...Eisenberger, N. I. (2010). Acetaminophen reduces social pain: Behavioral and neural evidence. *Psychological Science, 21*, 931-937.

Eisenberger, N. I., Lieberman, M. D., & Williams, K. D. (2003). Does rejection hurt? An fMRI study of social exclusion. *Science, 302*, 290-292.

Harrison, S. A., & Tong, F. (2009). Decoding reveals the contents of visual working memory in early visual areas. *Nature, 458*, 632.

Horikawa, T., Tamaki, M., Miyawaki, Y., & Kamitani, Y. (2013). Neural decoding of visual imagery during sleep. *Science, 340*, 639-642.

Kamitani, Y., & Tong, F. (2005). Decoding the visual and subjective contents of the human brain. *Nature Neuroscience, 8*, 679-685.

Lorenz, J., Minoshima, S., & Casey, K. L. (2003). Keeping pain out of mind: The role of the dorsolateral prefrontal cortex in pain modulation. *Brain, 126*, 1079-1091.

Owen, A. M., Coleman, M. R., Boly, M., Davis, M. H., Laureys, S., & Pickard, J. D. (2006). Detecting awareness in the vegetative state. *Science, 313*, 1402.

Pinto, Y., de Haan, E. H., & Lamme, V. A. (2017). The split-brain phenomenon revisited: A single conscious agent with split perception. *Trends in Cognitive Sciences, 21*, 835-851.

Rainville, P., Duncan, G. H., Price, D. D., Carrier, B., & Bushnell, M. C. (1997). Pain affect encoded in human anterior cingulate but not somatosensory cortex. *Science, 277*, 968-971.

Ruby, P., & Decety, J. (2004). How would you feel versus how do you think she would feel? A neuroimaging study of perspective-taking with social emotions. *Journal of Cognitive Neuroscience, 16*, 988-999.
Scoville, W. B., & Milner, B. (1957). Loss of recent memory after bilateral hippocampal lesions. *Journal of neurology, neurosurgery, and psychiatry, 20*, 11.
Shen, G., Dwivedi, K., Majima, K., Horikawa, T., & Kamitani, Y. (2018). End-to-end deep image reconstruction from human brain activity. *BioRxiv*, 272518.
Sperry, R. W. (1966). Mental unity following surgical disconnection of the cerebral hemispheres. *Harvey Lectures, 62*, 293-323.
Woo, C. W., Koban, L., Kross, E., Lindquist, M. A., Banich, M. T., Ruzic, L., ... & Wager, T. D. (2014). Separate neural representations for physical pain and social rejection. *Nature Communications, 5*, 5380.
Yahata, N., Morimoto, J., Hashimoto, R., Lisi, G., Shibata, K., Kawakubo, Y., ...Imamizu, H. (2016). A small number of abnormal brain connections predicts adult autism spectrum disorder. *Nature Communications, 7*, 11254.
Yamashita, A., Hayasaka, S., Kawato, M., & Imamizu, H. (2017). Connectivity neurofeedback training can differentially change functional connectivity and cognitive performance. *Cerebral Cortex, 27*, 4960-4970.

■第 9 章
Abe, N., Greene, J. D. (2014). Response to anticipated reward in the nucleus accumbens predicts behavior in an independent test of honesty. *Journal of Neuroscience, 34*, 10564-10572.
Asch, S. E. (1955). Opinions and social pressure. *Scientific American, 193*, 31-35.
Carter, E., & McGoldrick, M. (Eds.) (1989). *The changing family life cycle: Framework therapy*. Boston, MA: Allyn & Bacon.
Deutsch, M., & Gerard, H. B. (1955). A study of normative and informational social influences upon individual judgment. *The Journal of Abnormal and Social Psychology, 51*, 629-636.
Dubois, D., Rucker, D. D., & Galinsky, A. D. (2015). Social class, power, and selfishness: When and why upper and lower class individuals behave unethically. *Journal of Personality and Social Psychology, 108*, 436-449.
Forsyth, D. R. (2018). *Group dynamics* (7th ed.). Boston, MA: Cengage Learning.
今井芳昭 (2006). 依頼と説得の心理学―人は他者にどう影響を与えるか― サイエンス社
Malle, B. F. (2006). The actor-observer asymmetry in attribution: A (surprising) meta-analysis. *Psychological Bulletin, 132*, 895-919.
McGoldrick, M., & Carter, B. (1998). *The expanded family life cycle: Individual, family, and social perspectives* (3rd ed.). Boston, MA: Allyn & Bacon.
Mezulis, A. H., Abramson, L. Y., Hyde, J. S., & Hankin, B. L. (2004). Is there a universal positivity bias in attributions? A meta-analytic review of individual, developmental, and cultural differences in the self-serving attributional bias. *Psychological Bulletin, 130*, 711-747.
Petty, R. E., & Cacioppo, J. T. (1986). The elaboration likelihood model of persuasion. In L. Berkowitz (Ed.), *Advances in experimental social psychology* (Vol. 19, pp. 123-205). New York: Academic Press.
Piff, P. K., Stancato, D. M., Côté, S., Mendoza-Denton, R., & Keltner, D. (2012). Higher social class predicts increased unethical behavior. *Proceedings of the National Academy of Sciences of the United States of America, 109*, 4086-4091.
Sidanius, J., & Pratto, F. (1999). *Social dominance: An intergroup theory of social hierarchy and oppression*. New York: Cambridge University Press.
上野千鶴子 (1994). 近代家族の成立と終焉 岩波書店
VandenBos, G. R. (Ed.) (2007). *APA dictionary of psychology*. Washington, DC: American Psychological Association. (繁桝算男・四本裕子 (監訳) (2013). APA 心理学大辞典 培風館)
Zhang, Y., & Bednall, T. C. (2016). Antecedents of abusive supervision: A meta-analytic review. *Journal of Business Ethics, 139*, 455-471.

■第 10 章
Ainsworth, M. D. S., Blehar, M. C., Waters, E., & Walls, S. (1978). *Patterns of attachment*. Oxford, England:

Lawrence Erlbaum.
Blakemore, S. J., & Robbins, T. W. (2012). Decision-making in the adolescent brain. *Nature Neuroscience, 15*, 1184-1191.
Elkind, D. (1967). Egocentrism in adolescence. *Child Development, 38*, 1025-1034.
Erikson, E. H. (1963). *Childhood and society.* New York: W. W. Norton.（仁科弥生（1977, 1980). 幼児期と社会 1, 2　みすず書房）
板倉昭二（編著）(2014). 発達科学の最前線　ミネルヴァ書房
Kilford, E. J., Garrett, E., & Blakemore, S. J. (2016). The development of social cognition in adolescence: An integrated perspective. *Neuroscience & Biobehavioral Reviews, 70*, 106-120.
Kisilevsky, B. S., Hains, S. M., Lee, K., Xie, X., Huang, H., Ye, H. H., Zhang, K., & Wang, Z. (2003). Effects of experience on fetal voice recognition. *Psychologycal Science, 14*, 220-224.
Meins, E. (1997). *Security of attachment and the social development of cognition.* East Sussex, UK: Psychology Press.
三船恒裕・山岸俊男（2015). 内集団ひいきと評価不安傾向との関連：評判維持仮説に基づく相関研究　社会心理学研究, *31*, 128-134.
Mischel, W., Ebbesen, E. B., & Raskoff Zeiss, A. (1972). Cognitive and attentional mechanisms in delay of gratification. *Journal of Personality and Social Psychology, 21*, 204-218.
Miyake, A., Friedman, N. P., Emerson, M. J., Witzki, A. H., Howerter, A., & Wager, T. D. (2000). The unity and diversity of executive functions and their contributions to complex "frontal lobe" tasks: A latent variable analysis. *Cognitive Psychology, 41*, 49-100.
Perner, J., & Wimmer, H. (1985). "John thinks that Mary thinks that…" Attribute of second-order beliefs by 5-to 10-year-old children. *Journal of Experimental Child Psychology, 39*, 437-471.
Piaget, J. (1970). Piaget's theory. In P. H. Mussen (Ed.), *Carmichael's manual of child psychology* (3rd ed., Vol. 1). New York: John Wiley & Sons.（中垣　啓（訳）(2007). ピアジェに学ぶ認知発達の科学　北大路書房）
Premack, D., & Woodruff, G. (1978). Does the chimpanzee have a theory of mind? *The Behavioral and Brain Sciences,1*, 515-526.
Tajfel, H., Billig, M. G., Bundy, R. P., & Flament, C. (1971). Social categorization and intergroup behaviour. *European Journal of Social Psychology, 1*, 149-178.
Tronick, E., Als, H., Adamson, L., Wise, S., & Brazelton, T. B. (1978). Infants response to entrapment between contradictory messages in face-to-face interaction. *Journal of the American Academy of Child and Adolescent Psychiatry, 17*, 1-13.
Wellman, H. M., Cross, D., & Watson, J. (2001). Meta-analysis of theory-of-mind development: The truth about false belief. *Child Development, 72*, 655-684.
Wilks, M., Kirby, J., & Nielsen, M. (2018). Children imitate antisocial in-group members. *Developmental Science, 21*, e12675.
Wimmer, H., & Perner, J. (1983). Beliefs about beliefs: Representation and constraining function of wrong beliefs in young children's understanding deception. *Cognition, 13*, 103-128.

■第 11 章
赤木和重（2011). 障害研究における発達段階論の意義：自閉症スペクトラム障害をめぐって　発達心理学研究, *22*, 381-390.
赤松　昭（2003). 国際生活機能分類（国際障害分類改訂版）　小澤　温（編）　よくわかる障害者福祉第 4 版 (pp. 28-29)　ミネルヴァ書房
Baron-Cohen, S. (1991). Do people with autism understand what causes emotion? *Child Development, 62*, 385-395.
Baron-Cohen, S., Leslie, A. M., & Frith, U. (1985). Does the autistic child have a 'theory of mind'? *Cognition, 21*, 37-46.
藤原義博（1997). 応用行動分析学の基礎知識　山本淳一・加藤哲文（編）　障害児・者のコミュニケーション行動の実現を目指す応用行動分析学入門 (pp. 26-39)　学苑社
Happé, F., & Frith, U. (2014). Annual research review: Towards a developmental neuroscience of atypical

social cognition. *Journal of Child Psychology and Psychiatry, 55*, 553-577.
Karmiloff-Smith, A. (1998). Development itself is the key to understanding developmental disorders. *Trends in Cognitive Sciences, 2*, 389-398.
北川　恵 (2005). アタッチメントと病理・障害　数井みゆき・遠藤利彦 (編)　アタッチメント――生涯にわたる絆 (pp. 245-262)　ミネルヴァ書房
小道モコ (2009). あたし研究――自閉症スペクトラム～小道モコの場合　クリエイツかもがわ
近藤直子 (1989). 発達の芽をみつめて　全国障害者問題研究会出版部
中村義行 (2013). 障害臨床学とは　中村義行・大石史博 (編)　障害臨床学ハンドブック (pp. 1-8)　ナカニシヤ出版
ニキリンコ (2005). 俺ルール！自閉は急に止まれない　花風社
岡田尊司 (2013). ストレスと適応障害――つらい時期を乗り越える技術　幻冬舎
岡本　正・河南　勝・渡部昭男 (編) (2013). 福祉事業型「専攻科」エコールKOBEの挑戦　クリエイツかもがわ
奥田健次 (2012). メリットの法則――行動分析学・実践編　集英社
千住　淳 (2012). 社会脳の発達　東京大学出版会
白石正久 (2009). 発達障害と発達診断　白石正久・白石恵理子 (編)　教育と保育のための発達診断 (pp. 242-268)　全障研出版部
杉山登志郎 (2007). 子ども虐待という第四の発達障害　学研教育出版
Yasmumura, A., Kokubo, N., Yamamoto, H., Yasumura, Y., Nakagawa, E., Kaga, M., Hiraki, K., & Inagaki, M. (2014). Neurobehavioral and hemodynamic evaluation of Stroop and reverse Stroop interference in children with attention-deficit/hyperactivity disorder. *Brain and Development, 36*, 97-106.
安村　明・高橋純一・福田亜矢子・中川栄二・稲垣真澄 (2015). ADHD児における実行機能の検討：干渉抑制機能の観点から　認知神経科学, 16, 171-178.

■第12章

Babb, S. J., & Crystal, J. D. (2006). Episodic-like memory in the rat. *Current Biology*, 16, 1317-1321.
Beran, M. J., Pate, J. L., Richardson, W. K., & Rumbaugh, D. M. (2000). A chimpanzee's (Pan troglodytes) long-term retention of lexigrams. *Animal Learning & Behavior*, 28, 201-207.
Brosnan, S. F., Freeman, C., & De Waal, F. (2006). Partner's behavior, not reward distribution, determines success in an unequal cooperative task in capuchin monkeys. *American Journal of Primatology*, 68, 713-724.
Byrne, R., & Byrne, R. W. (1995). *The thinking ape: Evolutionary origins of intelligence*. Oxford: Oxford University Press. (小山高正・伊藤紀子 (訳) (1998). 考えるサル――知能の進化論――　大月書店)
Clayton, N. S., & Dickinson, A. (1998). Episodic-like memory during cache recovery by scrub jays. *Nature*, 395, 272.
Darwin, C. (1859). *On the origin of species by means of natural selection*. London: Murray.
Dere, E., Huston, J. P., & De Souza Silva, M. A. (2005). Episodic-like memory in mice: Simultaneous assessment of object, place and temporal order memory. *Brain Research Protocols*, 16, 10-19.
de Waal, F. B. M. (2017). *Are we smart enough to know how smart animals are?* New York: W. W. Norton. (松沢哲郎 (監訳)　柴田裕之 (訳) (2017). 動物の賢さがわかるほど人間は賢いのか　紀伊國屋書店)
Fagot, J., & Cook, R. G. (2006). Evidence for large long-term memory capacities in baboons and pigeons and its implications for learning and the evolution of cognition. *Proceedings of the National Academy of Sciences*, 103, 17564-17567.
藤田和生 (1998). 比較認知科学への招待　ナカニシヤ出版
Hare, B., Call, J., Agnetta, B., & Tomasello, M. (2000). Chimpanzees know what conspecifics do and do not see. *Animal Behaviour*, 59, 771-785.
Hare, B., & Tomasello, M. (2005). Human-like social skills in dogs? *Trends in Cognitive Sciences*, 9, 439-444.
Harlow, H. F. (1949). The formation of learning sets. *Psychological Review*, 56 (1), 51.
Hirata, S., & Fuwa, K. (2007). Chimpanzees (Pan troglodytes) learn to act with other individuals in a cooperative task. *Primates*, 48, 13-21.
Hunter, W. S. (1913). The delayed reaction in animals and children. *Behavior Monograhs*, 2, 1-85.

Inoue, S., & Matsuzawa, T. (2007). Working memory of numerals in chimpanzees. *Current Biology, 17,* R1004-R1005.
Kaminski, J., Bräuer, J., Call, J., & Tomasello, M. (2009). Domestic dogs are sensitive to a human's perspective. *Behaviour, 146,* 979-998.
Köhler, W. (1925). *The mentality of apes.* London: Routledge & Kegan Paul.
Marler, P., Karakashian, S., & Gyger, M. (1991). Do animals have the option of with holding signals when communication is inappropriate? The audience effect. In C. A. Ristau (Ed.), *Cognitive ethology: The minds of other animals* (pp. 187-208). Hillsdale, NJ: Lawrence Erlbaum Associates.
松沢哲郎 (2017). 心の進化をさぐる NHK 出版
Melis, A. P., Hare, B., & Tomasello, M. (2006). Chimpanzees recruit the best collaborators. *Science, 311,* 1297-1300.
Olton, D. S., & Samuelson, R. J. (1976). Remembrance of places passed: Spatial memory in rats. *Journal of Experimental Psychology: Animal Behavior Processes, 2,* 97-116.
Pfungst, O. (1911). *Clever Hans (The Horse of Mr. von Osten): A contribution to experimental animal and human psychology* (C. L. Rahn, Trans.). New York: Henry Holt.
Plotnik, J. M., Lair, R., Suphachoksahakun, W., & de Waal F. B. M. (2011). Elephants know when they need a helping trunk in a cooperative task. *PNAS, 108,* 5116-5121.
Ringhofer, M., & Yamamoto, S. (2017). Domestic horses send signals to humans when they face with an unsolvable task. *Animal Cognition, 20,* 397-405.
Ristau, C. A. (1991). Before mindreading: Attention, purposes and deception in birds? In A. Whiten (Ed.), *Natural theories of mind: Evolution, development and simulation of everyday mindreading* (pp. 209-222). Cambridge, MA: Basil Blackwell.
Romanes, G. J. (1883). *Animal intelligence.* New York: D. Appleton.
Ruvolo, M. (1997). Molecular phylogeny of the hominoids: Inferences from multiple independent DNA sequence data sets. *Molecular Biology and Evolution, 14,* 248-265.
Seyfarth, R. M., & Cheney, D. L. (1993). Meaning, reference, and intentionality in the natural vocalizations of monkeys. In H. L. Roitblat, L. M. Herman, & P. E. Nachtigall (Ed.), *Language and communication: Comparative perspectives* (pp. 195-219). Hillsdale, NJ: Erlbaum.
鈴木光太郎 (2013). ヒトの心はどう進化したのか 筑摩書房
Tulving, E. (2005). Episodic memory and autonoesis: Uniquely human. In H. S. Terrance & J. Metcalfe (Eds.), *The missing link in cognition: Origins of self-reflective consciousness* (pp. 3-56). New York: Oxford University Press.
Vauclair, J. (1995). *Animal cognition: An introduction to modern comparative psychology.* (鈴木光太郎・小林哲生 (訳) (1999). 動物のこころを探る―かれらはどのように「考える」か― 新曜社)
Vincent, S. B. (1915). The white rat and the maze problem: The introduction of a tactual control. *Journal of Animal Behavior, 5* (3), 175.
Zinkivskay, A., Nazir, F., & Smulders, T. V. (2009). What-where-when memory in magpies (Pica pica). *Animal Cognition, 12* (1), 119-125.

■第13章

Batey, M., Chamorro-Premuzic, T., & Furnham, A. (2010). Individual differences in ideational behavior: Can the big five and psychometric intelligence predict creativity scores? *Creativity Research Journal, 22,* 90-97.
Cropley, A. J. (2000). Defining and measuring creativity: Are creativity tests worth using? *Roeper Review, 23,* 72-79.
Guilford, J. P. (1967). *The nature of human intelligence.* New York: McGraw-Hill.
金沢吉展・神村栄一・杉原保史・鉄島清毅・橋本和明・増沢 高 (2018). Ⅳ 心理的アセスメントと支援 一般社団法人 日本心理研修センター (監修) 公認心理師現任者講習会テキスト [2018年版] (pp. 174-200) 金剛出版
経済産業省 (2006). 社会人基礎力 Retrieved from http://www.meti.go.jp/policy/kisoryoku/ (2018年4月27日)

Kim, K. H., & Zabelina, D. (2015). Cultural bias in assessment: Can creativity assessment help? *International Jornal of Critical Pedagogy, 6*, 129-147.
松原三智子・和泉比佐子・岡本玲子 (2016). 親子関係アセスメントツールの開発―項目の内容妥当性の検討 ― 社会医学研究, 33, 131-138.
三島一郎 (1997). エンパワーメントの理論面から コミュニティ心理学研究, 1, 142.
沼 初枝 (2009). 臨床心理アセスメントの基礎 ナカニシヤ出版
岡崎慎治 (2012). B-1 総論：アセスメント 一般社団法人特別支援教育士資格認定協会（編）S.E.N.S養成セミナー 特別支援教育の理論と実践［第2版］I 概論・アセスメント (pp. 81-94) 金剛出版
Piffer, D. (2012). Can creativity be measured? An attempt to clarify the notion of creativity and general directions for future research. *Thinking Skills and Creativity, 7*, 258-264.
Plucker, J. A. (2004). Generalization of creativity across domains: Examination of the method effect hypothesis. *The Journal of Creative Behavior, 38*, 1-12.
Puryear, J., Kettler, T., & Rinn, A. (2017). Relating personality and creativity: Considering what and how we measure. *The Journal of Creative Behavior, 8*, 1-14.
Said-Metwaly, S., Van den Noortgate, W., & Kyndt, E. (2017). Methodological issues in measuring creativity: A systematic literature review. *Creativity: Theories-Research-Applications, 4*, 276-301.
齋藤 浩 (2011). 社会人基礎力からみた学校教育の今日的課題 佛教大学教育学部学会紀要, 10, 77-88.
下山晴彦 (2008). 臨床心理アセスメント入門―臨床心理学は, どのように問題を把握するのか 金剛出版
Sternberg, R. J., & The Rainbow Project Collaborators (2006). The Rainbow Project: Enhancing the SAT through assessments of analytical, practical and creative skills. *Intelligence, 34*, 321-350.
菅原いづみ (1999). 音楽教育における知識・創造性支援 コンピューター&エデュケーション, 6, 112-116.
Torrance, E. P. (1998). *The torrance tests of creative thinking norms -technical manual figural (streamlined) forms A & B*. Bensenville, IL: Scholastic Testing Service.

■第14章

Bishop, S. R., Lau, M., Shapiro, S., Carlson, L., Anderson, N. D., Carmody, J., ...Devins, C. (2004). Mindfulness: A proposed operational definition. *Clinical Psychology: Science and Practice, 11*, 230-241.
Gotink, R. A., Chu, P., Busschbach, J. J. V., Benson, H., Fricchione, G. L., & Hunink, M. G. M. (2015). Standardised mindfulness-based interventions in healthcare: An overview of systematic reviews and meta-analyses of RCTs. *PLoS ONE, 10*, 1-17.
Harris, R. (2009). *ACT made simple: An easy-to-read primer on Acceptance and Commitment Therapy*. Oakland, CA: New Harbinger. (武藤 崇（監訳）(2012). よくわかるACT―明日からつかえるACT入門 ― 星和書店)
東山紘久 (2003). 来談者中心療法の理論 東山紘久（編著）来談者中心療法 (pp. 16-23) ミネルヴァ書房
Hofmann, S. G., Sawyer, A. T., Witt, A., & Oh, D. (2010). The effect of mindfulness-based therapy on anxiety and expression: A meta-analytic review. *Journal Consulting Clinical Psychology, 78*, 169-183.
岩壁 茂 (2013). 臨床心理学とは何か：歴史とその広がり 岩壁 茂・福島哲夫・伊藤絵美 臨床心理学入門―多様なアプローチを越境する― (pp. 23-44) 有斐閣
角野善宏 (2008). 症状を持つとはどういうこと？ 伊藤良子（編）臨床心理学―全体的存在として人間を理解する― (pp. 38-78) ミネルヴァ書房
亀口憲治 (2005). 家族療法学派 乾 吉佑・氏原 寛・亀口憲治・成田善弘・東山紘久・山中康裕（編）心理療法ハンドブック (pp. 87-93) 創元社
Kenny, M. A., & Williams, J. M. G. (2007). Treatment-resistant depressed patients show a good response to Mindfulness-based Cognitive Therapy. *Behaviour Research and Therapy, 45*, 617-625.
今野義孝 (2005). 認知行動療法 乾 吉佑・氏原 寛・亀口憲治・成田善弘・東山紘久・山中康裕 心理療法ハンドブック (pp. 134-141) 創元社
Kuyken, W., Warren, F. C., Taylor, R. S., Whalley, B., Crane, C., Bondolfi, G., Hayes, R., Huijbers, M., Ma, H., Schweizer, S., Segal, Z., Speckens, A., Teasdale, J. D., Van Heeringen, K., Williams, M., Byford, S., Byng, R., & Dalgleish, T. (2016). Efficacy of mindfulness-based cognitive therapy in prevention of depressive relapse an individual patient data meta-analysis from randomized trials. *JAMA Psychiatry, 73*, 565-574.
増野 肇 (2005). サイコドラマ（心理劇）乾 吉佑・氏原 寛・亀口憲治・成田善弘・東山紘久・山中康裕

(編) 心理療法ハンドブック (pp. 270-276) 創元社
成田善弘 (2005). 精神分析：フロイトとその後継者たち 乾 吉佑・氏原 寛・亀口憲治・成田善弘・東山 紘久・山中康裕 (編) 心理療法ハンドブック (pp. 49-62) 創元社
Rogers, C. R. (1957). The necessary and sufficient conditions of therapeutic personality change. *Journal of Consulting Psychology, 21*, 95-103.
佐治守夫・岡村達也・保坂 亨 (1996). カウンセリングを学ぶ―理論・体験・実践― 東京大学出版会
坂野雄二 (1995). 認知行動療法 日本評論社
田中圭介・杉浦義典・竹林由武 (2013). 注意の定位機能とマインドフルネス傾向の関連―注意の喚起機能による調整効果― パーソナリティ研究, *22*, 146-155.
丹野義彦 (2015). 臨床心理学とは何か 丹野義彦・石垣琢磨・毛利伊吹・佐々木淳・杉山明子 臨床心理学 (pp. 3-24) 有斐閣
牛島定信 (2000). 現代精神分析学 放送大学教育振興会
山本和郎 (2001). 臨床心理学的地域援助とは何か―その定義・理念・独自性・方法について― 山本和郎 (編) 臨床心理学的地域援助の展開―コミュニティ心理学の実践と今日的課題― (pp. 244-256) 培風館

■第15章

Andrews, D. A., & Bonta, J. (2010). *The psychology of criminal conduct* (5th ed.). New Providence, NJ: LexisNexis.
Blackwell, R., Miniard, P., & Engel, J. (2001). *Consumer behaviour* (9th ed.). Mason, OH: South-Western.
Bond, G. D. (2008). Deception detection expertise. *Law and Human Behavior, 32*, 339-351.
Chifflet, P. (2014). Questioning the validity of criminal profiling: An evidence-based approach. *Australian & New Zealand Journal of Criminology, 48*, 238-255.
DePaulo, B. M., Lindsay, J. J., Malone, B. E., Muhlenbruck, L., Charlton, K., & Cooper, H. (2003). Cues to deception. *Psychological Bulletin, 129*, 74-118.
Koller, C. I., Wetter, O. E., & Hofer, F. (2015a). 'Who's the Thief?' The influence of knowledge and experience on early detection of criminal intentions. *Applied Cognitive Psychology, 30*, 178-187.
Koller, C. I., Wetter, O. E., & Hofer, F. (2015b). What is suspicious when trying to be inconspicuous? Criminal intentions inferred from nonverbal behavioral cues. *Perception, 44*, 679-708.
Loftus, E. F., & Palmer, J. C. (1974). Reconstruction of automobile destruction: An example of the interaction between language and memory. *Journal of verbal learning and verbal behavior, 13*, 585-589.
Neuschatz, J. S., Wetmore, S. A., Key, K. N., Cash, D. K., Gronlund, S. D., & Goodsell, C. A. (2016). A comprehensive evaluation of showups. In M. K. Miller & B. H. Bornstein (Eds.), *Advances in psychology and law* (pp. 43-69). Cham, Switzerland: Springer International Publishing.
Reason, J. (1990). *Human error*. New York: Cambridge University Press.
Searston, R. A., & Tangen, J. M. (2017). Expertise with unfamiliar objects is flexible to changes in task but not changes in class. *PLOS ONE, 12*, e0178503.
Wiseman, R., Watt, C., ten Brinke, L., Porter, S., Couper, S.-L., & Rankin, C. (2012). The eyes don't have It: Lie detection and neuro-linguistic programming. *PLoS ONE, 7*, e40259.

事項索引

あ
ICF（国際生活機能分類） 124
愛着 115
言い間違い 53
一元論 2
一語文 53
一次的言葉 55
if-then パターン 79
インフォームド・コンセント 155
ウェーバー・フェヒナーの法則 16
内側側頭葉 90
右脳 86
エス 7
エピジェネティック 5
円環的因果律 105
延滞模倣 116
エンパワーメント 157
大きさの恒常性 19
オペラント条件づけ 39
音韻意識 51

か
外言 54
概念 54
海馬 90
学習 141
　──の構え（学習セット） 141
確証バイアス 32
カクテルパーティ効果 28
家族 105
　──システム 105
　──ライフサイクル理論 106
　──療法 168
家畜化の過程 146

カテゴリ説 63
感覚様相（感覚モダリティ） 14
眼窩前頭皮質 89
桿体 17
記憶 43, 89, 141
　意味── 44
　エピソード── 143
　感覚── 29
　宣言的── 30
　非── 30
　短期── 29, 142
　長期── 29, 142
記号 50
帰属 101
　外的── 101
　内的── 101
規範的影響 104
基本情動 63
キャノン・バード説 64
ギャングエイジ 117-118
9歳の壁 117
強化 40
凶器注目効果 180
経頭蓋磁気刺激法 91
共同注意 52
協同ひも引き課題 144
恐怖喚起コミュニケーション 181
クーイング 50-51
群化 18
経験説 2
ゲシュタルト心理学 5
検索 29
語彙爆発 51
5因子モデル 79
構造化面接 154
　半── 154
　非── 154

行動主義 5, 40
行動療法 166
公認心理師 164
声遊び 51
互恵性利他行動 144
心の理論 6, 116, 145
個人情報の取り扱い 155
誤信念課題 116
古典的条件づけ → レスポンデント条件づけ
コミュニティアプローチ 169
コンピテンス 41

さ
彩度（飽和度） 18
サイバーボール課題 92
催眠 165
錯覚 20
左脳 86
参加観察法 154
　非── 154
3原色説 17
ジェームズ・ランゲ説 64
自我 7
　超── 7
色相 18
　──環 18
刺激閾（絶対閾） 14
次元説 63
思考 31
自己中心性 118
視床 64, 88
システム 168
死生観 119
実行機能 116
質問紙法 154
視点取得 91
社会 101

——的学習　42
　　——理論　42
　　——的な痛み　92
　　——的認知理論　79
　　——脳仮説　145
集団　103
　　——力学　103
　　——療法　168
熟達　56
　　——化　118
主訴　152
馴化-脱馴化法　115
情報的影響　104
植物状態　93
初語　51
人格　75
人工脳アルゴリズム　92
心身二元論　2
身体障害　125
心理辞書の研究　78
心理的アセスメント　152
心理的安全基地　116
心理療法　167
錐体　16
推論　31
　　演繹的——　31
　　帰納的——　31
図地分離　18
性格　75
精神障害　126
精神物理学　14
精神分析　167
　　——学　165
精緻化見込みモデル　103
生得説　2
説得　103
セルフコントロール　43
セルフ・サーヴィングバイアス　101
前向性健忘　90
選好注視法　115
選択の注意（注意）　27
前頭前野　67
前頭葉　88

セントラルエイト　176
前部帯状回背側部　92
想像上の観客　118
ソマティック・マーカー仮説　66

た
態度　102
多語文　53
他者理解　145
地域支援　169
遅延反応　142
知覚情報処理　14
知的障害　125
知能検査　154
中央実行系　30
抽象概念　55
中心窩　17
丁度可知差異　14
貯蔵　29
ディープラーニング　94
敵意帰属バイアス　177
敵意の反芻傾向　177
適応的な形質　139
適刺激　14
テストバッテリー　154
てんかん　86
動因　41
投影法　154
動機づけ　41
　　外発的——　42
　　内発的——　42
道具的条件づけ　→　オペラント条件づけ
同調　104
　　——実験　104
特性論　78, 127
特徴統合理論　28
閉じ込め症候群　93

な
内言　54
喃語　51
二経路説　65

二語文　53
二次の誤信念　117
二次の言葉　55
二重貯蔵モデル　29
二要因説　65
人間性心理学　166
認識と知識　27
認知　166
　　——行動療法　168
　　——心理学　27
　　——的再評価　68
　　——療法　166
ネットワークモデル　44
脳情報デコーディング　94
脳梁　86

は
パーソナリティ　76
　　——心理学　76
罰　40
発達検査　154
発達障害　125
発達段階　114
話し言葉　55
反社会的認知　177
反社会的パーソナリティ特性　176
反対色説　18
ビッグ・ファイブ　79
ビッグフォー　176
ヒト科　139
人-状況論争　79
独り言　54
秘密保持義務　156
表象　116
ファミリー・アイデンティティ　105
符号化　29
普遍文法　53
ふり遊び　116
プロファイリング　177
分節化　54
文法　53
分離脳症候群　88

扁桃体　65
弁別閾　14
哺乳類霊長目　139

ま
マキャベリ的知性仮説　145
右側頭頂接合部　90
右前頭前野腹側部　92
明度　18
盲点　17

模倣　42
問題解決　31

や
有意味語　51
遊戯療法　168
幽体離脱　90
指さし　52

ら
来談者中心療法　167
リハーサル　29
リビドー　7
臨床心理学　164
類型論　76
レスポンデント条件づけ　39
連合主義　3
ロボトミー　88-89
ワーキングメモリ　29

人名索引

A
Abe, N.　109
Adler, A.　166
相場　均　76
Ainsworth, M. D. S.　116
赤木和重　128
赤松　昭　124
秋田喜代美　45
秋山道彦　5
Aknin, L. B.　70, 72, 74
Anderson, B. L.　24
安藤寿康　45
Andrews, D. A.　176
Arai, N. H.　58
Aristoteles　2
Asch, S. E.　104
Atchley, P.　37
Atkinson, R. C.　29
Awh, E.　28

B
Babb, S. J.　143
Baddeley, A.　29, 30
Bandura, A.　42, 43
Bard, P.　64
Baron-Cohen, S.　127
Barto, A. G.　45
Batey, M.　162
Bear, M. F.　63
Bechara, A.　66, 67
Beck, A.　166
Bednall, T. C.　112
Beran, M. J.　142
Bexton, W. H.　41
Bishop, S. R.　174
Bjork, R. A.　46, 47
Blackwell, R.　180
Blakemore, S. J.　118
Blanke, O.　87, 90, 91

Bond, G. D.　185
Bonta, J.　176
Brosnan, S. F.　74, 144
Brown, P. C.　46
Brussel, J.　178
Byrne, R.　145
Byrne, R. W.　145

C
Cacioppo, J. T.　103
Call, J.　7
Cannon, W. B.　63, 64
Carter, B.　106, 107
Cheney, D.L.　144
Cherry, E. C.　28
Chifflet, P.　178
千々岩英影　17
Chomsky, N.　53
Chun, M. M.　28
Clark, D. M.　45
Clayton, N. S.　143
Colllins, A. M.　44
Connors, B. W.　63
Cook, R. G.　142
Costa, P. T.　79
Cropley, A. J.　162
Crystal, J. D.　143

D
Dere, E.　143
Damasio, A. R.　66
Damasio, H.　87, 89
Darwin, C.　138
Decety, J.　91
Depaulo, B. M.　186
Dere, E.　143
Descartes, R.　2
Deutsch, M.　104
de Waal, F. B. M.　73, 74, 147

DeWall, C. N.　92
Dickinson, A.　143
Dubois, D.　110

E
Ebbinghaus, H.　4, 43, 44
Eisenberger, N. I.　71, 87, 92
Ekman, P.　63
Elkind, D.　118
Erikson, E. H.　118
江尻桂子　53

F
Fagot, J.　142
Fechner, G. T.　4, 14, 15
Fleeson, W.　80
Forsyth, D. R.　103
Freud, A.　167
Freud, S.　4, 7, 165-167
Friesen, W. V.　63
Frith, U.　127
藤井　聡　63
藤崎和香　25
藤原義博　127
Fuwa, K.　144

G
Gallagher, P.　80
Gelade, G.　28
Gerard, H. B.　104
Goldberg, L. R.　79
御領　謙　31
Gotink, R. A.　175
後藤　薫　63
Gozli, D. G.　58
Greene, J. D.　73, 109
Gross, J. J.　68
Guilford, J. P.　160

人名索引　203

H
Hall, G. S.　5
Happé, F.　127
原野広太郎　43
Hare, B.　146
Harlow, H. F.　41, 141
Harris, R.　174
Harrison, S. A.　94
長谷川眞理子　6
長谷川寿一　3
林　巖　39
Heatherton, T. F.　68
Helmholtz, H. L. F.　3
Henrich, J.　70
Hering, K. E. K.　18
Hewitt, L. N.　74
東山紘久　166, 169
日道俊之　68
Hirata, S.　144
Hitch, G.　29
Hofmann, S. G.　175
Honzik, C. H.　40
堀　忠雄　63
Horikawa, T.　94
Hull, C. L.　41
Hunter, W. S.　142

I
今井久登　29
今井芳昭　103
Inagaki, T. K.　71
Inoue, S.　142
磯　博行　39
板倉昭二　115
岩壁　茂　165

J
Jackson, J. J.　85
James, W.　64
Jayawickreme, E.　80
Jiang, Y.　28
Jung, C. G.　77, 165

K
Kabat-Zinn, J.　171
角野善宏　165
鹿毛雅治　41
亀口憲治　168
Kaminski, J.　146
Kamitani, Y.　94
金沢吉展　153
Karmiloff-Smith, A.　128
片平健太郎　45
加藤宏司　63
川合信幸　39
Kenny, M. A.　175
Kilford, E. J.　118
Kim, J.　24
Kim, K. H.　159
Kisilevsky, B. S.　114
北川　恵　128
Klein, M.　167
Köhler, W.　141
Koller, C. I.　183, 184
小道モコ　127
近藤直子　129
小西直喜　68
今野義孝　166
Kornel, N.　46
子安増生　68
Kragel, P. A.　64
Kretschmer, E.　76
Kuyken, W.　171, 173

L
LaBar, K. S.　64
Lange, C. G.　64
Layard, R.　45
LeDoux, J.　65
Locke, J.　3
Loftus, E. F.　44, 179
Lorenz, J.　92
Lorenz, K. Z.　147, 148

M
Malle, B. F.　102
Marler, P.　145

Marlow, P. J.　24
Marton, F.　44
正高信男　52
増野　肇　168
松原三智子　155
松本　元　65
松本亦太郎　5
松沢哲郎　144
Matsuzawa, T.　142
Mazur, J. E.　39
McCrae, R. R.　79
McGoldrick, M.　106, 107
McLuhan, H. M.　59-60
Melis, A. P.　144
Meins, E.　115
Mezulis, A. H.　101, 102
道又　爾　27
三船恒裕　120
三上貞芳　45
Milner, B.　90
皆川雅章　45
Mischel, W.　43, 67, 79
三島一郎　157
Mitchell, J. P.　35
Miyake, A.　116
宮本美沙子　41
Moniz, E.　88
Moreno, J. L.　168
森　敏昭　45
元良勇次郎　5
Motoyoshi, I.　22
村山　航　46
Murray, E. J.　42
無藤　隆　55, 56
武藤　崇　174
明和政子　42

N
永江誠司　5
中垣　啓　114
中島義明　53
中村義行　124
成田善弘　167
奈須正裕　41

Neuschatz, J. S.　179
ニキリンコ　127
西田慎也（Nishida, S.）　23-25
Nishio, A.　25
野村理朗　69
野崎優樹　68
沼　初枝　153

O

大芦　治　2
大石敬子　51
岡田尊司　128
岡本夏木　55
岡本　正　132
岡崎慎治　157
奥田健次　127
Olton, D. S.　142
小塩真司　76
Osterberg, G.　17
大坪庸介　68
Owen, A. M.　87, 93
大山　正　2-5

P

Palmer, J. C.　179
Paradiso, M. A.　63
Park, S. Q.　71, 72
Pavlov, I. P.　39, 141
Pepperberg, I.　144
Perner, J.　116, 117
Petty, R. E.　103
Pfungst, O.　146
Piaget, J.　55, 114, 117
Piff, P. K.　108
Piffer, D.　162
Piliavin, J. A.　74
Pinto, Y.　88
Plato　2
Plotnik, J. M.　144
Plucker, J. A.　162
Posner, M. I.　28
Pratto, F.　110
Premack, D.　6, 116

Preston, S. D.　73
Puryear, J.　160

R

Rainville, P.　87, 92
Rayner, R　39
Reason, J.　181
Reuchlin, M.　4
Richtel, M.　34
Ringhofer, M.　146
Ristau, C. A.　145
Robbins, T. J.　118
Roberts, B. W.　82-84
Rogers, C. R.　165-168
Romanes, G. J.　141
Ruby, P.　91
Russel, J. A.　63
Ruvolo, M.　139

S

Said-Metwaly, S.　160-163
斎藤　浩　161
齊藤　智　29
佐治守夫　167
坂上貴之　39
坂野雄二　168
Säljö, R.　44
Samuelson, R. J.　142
Sapir, E.　60
Sawayama, M.　22, 23
Schachter, S.　65
Scoville, W. B.　90
Scripture, E. W.　5
Searston, R. A.　186
千住　淳　127
Seyfarth, R. M.　144
Shen, G.　94
Sherrington, C. S.　64
柴田裕之　43, 67
Shiffrin, R. M.　29
繁桝算男　101, 102
島宗　理　40
下山晴彦　153
新村　出　53

白石正久　128
Shute, V. J.　58
Sidanius, J.　110
Siegl, E.　74
Singer, J.　65
Skinner, B. F.　40, 141
Socrates　2
Sperry, R. W.　88
Squire, L. R.　30
Sternberg, R. J.　159
Sue, S. R.　144
菅原いづみ　162
菅原ますみ　9
杉山登志郎　128
Sutton, R. S.　45
鈴木光太郎　9

T

Tajfel, H.　120
高橋雅治　43
高野陽太郎　29
詫摩武俊　79
Tamir, D. I.　35
田村綾菜　55
田中圭介　174
田中孝志　50
Tangen, J. M.　186
丹野義彦　45, 166
Theeuwes, J.　28
Thoits, P. A.　74
Thorndike, E. L.　40, 141, 148, 150
Tolman, E. C.　40
Tomasello, M.　7, 146
Tong, F.　94
Torrance, E. P.　160
豊田三郎　4
Treisman, A. M.　28
Trivers, R. L.　73
Tronick, E.　115
常深浩平　55
Tulving, E.　44, 143, 149

U

内田伸子　6, 51, 55
上野千鶴子　105
牛島定信　165

V

van Hooff, J.　147
VandenBos, G. R.　101, 102
Vincent, S. B.　142

W

Wada, A.　25
Wager, T. D.　68
Wagner, D. D.　68
Warden, A. C.　37
Wason, P. C.　31
Watson, J. B.　5, 7, 39, 40, 166

Weber, E. H.　3, 16
Wellman, H. M.　7, 117
Wertheimer, M.　4
White, R. W.　41
Whorf, B. L.　60
Wilks, M.　120
Williams, J. M. G.　175
Wimmer, H.　116, 117
Wiseman, R.　186
Witmer, L.　166
Woo, C. W.　92
Woodruff, G.　6, 116
Wundt, W.　1, 4, 5

Y

八木冕　42
やまだようこ　56
山岸俊男　120

Yamamoto, S.　146
山本和郎　169
Yamashita, A.　100
山崎良彦　63
Yan, V. X.　47
安田一郎　40
安村　明（Yasumura, A.）　127
依田卓巳　46
吉村博次　77
四本裕子　101, 102
Young, T.　3, 17

Z

Zabelina, D.　159
Zhang, Y.　112
Zinkivskay, A.　143
Zola, S. M.　30

【執筆者一覧】（執筆順，＊は編者）

東山　薫（とうやま・かおる）
龍谷大学経済学部准教授
担当：第1章

久方瑠美（ひさかた・るみ）
東京工業大学工学院助教
担当：第2章

樋口洋子（ひぐち・ようこ）＊
理化学研究所研究員
担当：第3章

後藤崇志（ごとう・たかゆき）
大阪大学人間科学研究科准教授
担当：第4章

常深浩平（つねみ・こうへい）
淑徳大学短期大学部准教授
担当：第5章

日道俊之（ひみち・としゆき）
高知工科大学経済・マネジメント学群講師
担当：第6章

野崎優樹（のざき・ゆうき）
甲南大学文学部准教授
担当：第7章

梶村昇吾（かじむら・しょうご）
京都工芸繊維大学情報工学・人間科学系助教
担当：第8章

杉浦仁美（すぎうら・ひとみ）
近畿大学経営学部講師
担当：第9章（共著）

紀ノ定保礼（きのさだ・やすのり）
静岡理工科大学情報学部准教授
担当：第9章（共著）

古見文一（ふるみ・ふみかず）＊
静岡大学学術院教育学領域講師
担当：第10章

近藤龍彰（こんどう・たつあき）
富山大学学術研究部教育学系講師
担当：第11章

リングホーファー萌奈美
（りんぐほーふぁー・もなみ）
帝京科学大学生命環境学部講師
担当：第12章

西尾祐美子（にしお・ゆみこ）
畿央大学教育学部講師
担当：第13章

小山内秀和（おさない・ひでかず）＊
畿央大学教育学部准教授
担当：第14章

津田裕之（つだ・ひろゆき）＊
同志社大学心理学部助教
担当：第15章

はじめての心理学概論
公認心理師への第一歩

| 2019年3月31日 | 初版第1刷発行 |
| 2024年3月20日 | 初版第5刷発行 |

（定価はカヴァーに表示してあります）

編　者　古見文一
　　　　小山内秀和
　　　　樋口洋子
　　　　津田裕之
発行者　中西　良
発行所　株式会社ナカニシヤ出版
　〒606-8161　京都市左京区一乗寺木ノ本町15番地
　　　　　　Telephone　075-723-0111
　　　　　　Facsimile　075-723-0095
　　Website　http://www.nakanishiya.co.jp/
　　Email　iihon-ippai@nakanishiya.co.jp
　　　　　郵便振替　01030-0-13128

装幀＝白沢　正／印刷・製本＝亜細亜印刷
Printed in Japan.
Copyright ©2019 by F. Furumi, H. Osanai, Y. Higuchi, & H. Tsuda
ISBN978-4-7795-1361-9

◎本書のコピー，スキャン，デジタル化等の無断複製は著作権法上での例外を除き禁じられています。本書を代行業者等の第三者に依頼してスキャンやデジタル化することはたとえ個人や家庭内の利用であっても著作権法上認められておりません。